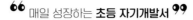

KB118860

Q 왜 공부력을 키워야 할까요?

쓰기력

정확한 의사소통의 기본기이며 논리의 바탕

연필을 잡고 종이에 쓰는 것을 괴로워한다!

맞춤법을 몰라 정확한 쓰기를 못한다!

말은 잘하지만 조리 있게 쓰는 것이 어렵다!

그래서 글쓰기의 기본 규칙을 정확히 알고

써야 공부 능력이 향상됩니다.

어휘력

교과 내용 이해와 독해력의 기본 바탕

어휘를 몰라서 수학 문제를 못 푼다!

어휘를 몰라서 사회, 과학 내용 이해가 안 된다!

어휘를 몰라서 수업 내용을 따라가기 어렵다!

그래서 교과 내용 이해의 기본 바탕을

다지기 위해 어휘 학습을 해야 합니다.

독해력

모든 교과 실력 향상의 기본 바탕

글을 읽었지만 무슨 내용인지 모른다!

글을 읽고 이해하는 데 시간이 오래 걸린다!

읽어서 이해하는 공부 방식을 거부하려고 한다!

그래서 통합적 사고력의 바탕인 독해 공부로

교과 실력 향상의 기본기를 닦아야 합니다.

계산력

초등 수학의 핵심이자 기본 바탕

계산 과정의 실수가 잦다!

계산을 하긴 하는데 시간이 오래 걸린다!

계산은 하는데 계산 개념을 정확히 모른다!

그래서 계산 개념을 익히고 속도와 정확성을

높이기 위한 훈련을 통해 계산력을 키워야 합니다.

세상이 변해도
배움의 즐거움은
변함없도록

시대는 빠르게 변해도
배움의 즐거움은
변함없어야 하기에

어제의 비상은
남다른 교재부터
결이 다른 콘텐츠
전에 없던 교육 플랫폼까지

변함없는 혁신으로
교육 문화 환경의 새로운 전형을
실현해왔습니다.

비상은 오늘, 다시 한번
새로운 교육 문화 환경을 실현하기 위한
또 하나의 혁신을 시작합니다.

오늘의 내가 어제의 나를 초월하고
오늘의 교육이 어제의 교육을 초월하여
배움의 즐거움을 지속하는 혁신,

바로, 메타인지학습을.

상상을 실현하는 교육 문화 기업 비상

메타인지학습
초월을 뜻하는 meta와 생각을 뜻하는 인지가 결합된 메타인지는
자신이 알고 모르는 것을 스스로 구분하고 학습계획을 세우도록 하는
궁극의 학습 능력입니다. 비상의 메타인지학습은 메타인지를 키워주어
공부를 100% 내 것으로 만들도록 합니다.

ᵂ 완자

공부력

ᵐ

초등 영어
파닉스 2

ㅡㅡ 초등 영어 파닉스
단계별 구성

파닉스 ① 기본 소리 익히기

알파벳 소리	26개의 알파벳 이름과 소리를 학습할 수 있어요.	Aa Bb Cc Dd Ee Ff Gg Hh Ii Jj Kk Ll Mm Nn Oo Pp Qq Rr Ss Tt Uu Vv Ww Xx Yy Zz
-y로 끝나는 단어	단어의 끝에서 모음 역할을 하는 y의 소리 패턴을 학습할 수 있어요.	〈 자음 + y 〉
단모음	하나의 모음 소리로 구성된 5개의 모음 패턴을 학습할 수 있어요.	〈 자음 + 모음 + 자음 〉 a e i o u
장모음	알파벳 이름과 비슷한 발음으로 모음이 길게 소리나는 5개의 모음 패턴을 학습할 수 있어요.	〈 자음 + 모음 + 자음 + e 〉 a e i o u

파닉스 ❷ 블렌딩 패턴 익히기

자음 비교	구별하기 힘든 자음 소리를 비교해서 학습할 수 있어요.	f, p | b, v | l, r | d, t
이중자음1	두 개 이상의 연속된 자음이 내는 소리 패턴을 학습할 수 있어요.	bl, cl | fl, gl | pl, sl br, dr | gr, tr | cr, fr, pr sc, sk | sm, sn | sp, sq st, sw | scr, str, spr
이중자음2	두 개의 자음이 하나의 새로운 소리를 내는 패턴을 학습할 수 있어요.	ch, sh | th[θ, ð] | ph, wh
이중자음3 (끝소리)	두 개의 자음으로 끝나는 단어의 소리 패턴을 연습할 수 있어요.	-nd, -nt | -ng, -nk -st, -sk | -ck, -lk
이중모음	두 개의 모음이 하나의 새로운 소리를 내는 패턴을 연습할 수 있어요.	ai, ay | ea, ey | oa, ow oi, oy | oo[ʊ, uː] | ou, ow
r로 끝나는 모음	<모음+r> 형태의 모음 소리 패턴을 학습할 수 있어요.	< 모음 + r > ar or er ir ur
묵음	단어에 포함되지만 소리 나지 않는 자음 패턴을 학습할 수 있어요.	b | k | l | w | c | gh

Phonics Chart

파닉스 ❷ 에서 배울 소리의 대표 단어입니다.

이중자음

bl	cl	fl	gl	pl	sl
block	clock	flower	glove	plant	sleep

br	dr	gr	tr	cr	fr
bread	drum	grape	tree	cream	fruit

pr	scr	spr	str	sc	sk
prize	screen	spring	straw	score	ski

sm	sn	sp	sq	st	sw
smile	snake	spoon	squid	stop	swim

ch	sh	th [θ]	th [ð]	ph	wh
cheese	ship	think	mother	phone	whale

이중자음 (끝소리)

-nd	-nt	-ng	-nk	-st	-sk
ha**nd**	pai**nt**	si**ng**	dri**nk**	ne**st**	de**sk**

-ck	-lk
sti**ck**	mi**lk**

이중모음 / r로 끝나는 모음

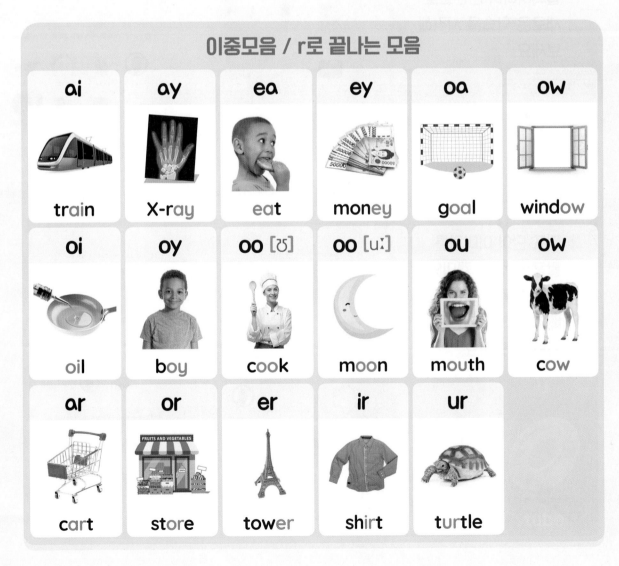

ai	ay	ea	ey	oa	ow
train	X-ray	eat	money	goal	window

oi	oy	oo [ʊ]	oo [uː]	ou	ow
oil	boy	cook	moon	mouth	cow

ar	or	er	ir	ur
cart	store	tower	shirt	turtle

특징과 활용법

하루 4쪽 공부하기

✳ 어제 배운 내용을
우선 복습한 후에,
QR코드를 통해
멀티미디어 콘텐츠로
새로운 학습을 시작해
보세요.

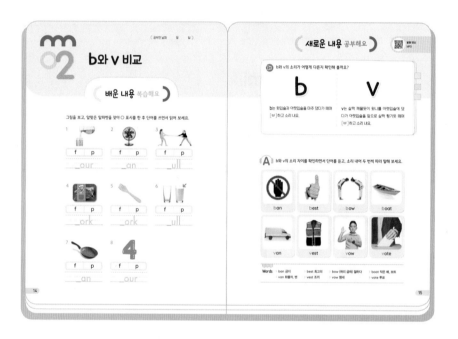

✳ 대표 단어 이미지를
활용한, 쉽고 재미있는
여러 활동을 통해 오늘
배울 소리를 자연스럽게
익힐 수 있어요.

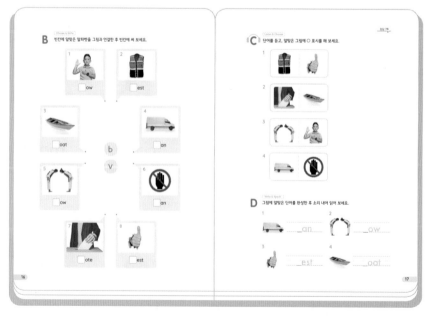

✓ 책으로 하루 4쪽 공부하며, 초등 어휘력을 키워요!

✓ 모바일앱으로 공부한 내용을 복습하고 몬스터를 잡아요!

공부한 내용 확인하기

※ Review와 실력 Test의 문제를 풀며 공부한 내용을 복습하고, 자신의 실력을 확인해요. 💡

모바일앱으로 복습하기

앱 다운받기

책 인증하기

※ 그날 배운 내용을 바로바로, 또는 주말에 모아서 복습하고, 다이아몬드 획득까지! 💎 공부가 저절로 즐거워져요!

 # 차례

우리도 하루 4쪽 공부 습관!
스스로 공부하는 힘을
키워 볼까요?

큰 습관이
지금은 그 친구를 이끌고 있어요.
매일매일의 좋은 습관은 우리를 좋은
곳으로 이끌어 줄 거예요.

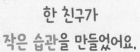

한 친구가
작은 습관을 만들었어요.

매일매일의 시간이 흘러
작은 습관은 큰 습관이 되었어요.

발음 영상
MP3

f와 p 비교

 f와 p의 소리가 어떻게 다른지 확인해 볼까요?

f는 살짝 깨물듯이 윗니를 아랫입술에 댔다가 아랫입술을 앞으로 살짝 팅기듯 떼며 [ㅍ] 소리를 내요.

p는 윗입술과 아랫입술을 마주댔다가 살짝 터뜨리듯 바람을 내보내며 [ㅍ] 소리를 내요.

 f와 p의 소리 차이를 확인하면서 단어를 듣고, 소리 내어 두 번씩 따라 말해 보세요.

fork

fan

four

full

pork

pan

pour

pull

Words
> fork 포크
> pork 돼지고기
> fan 선풍기
> pan 프라이팬
> four 넷, 사
> pour 따르다, 붓다
> full 가득 찬
> pull 당기다

11

B 빈칸에 알맞은 알파벳을 그림과 연결한 후 빈칸에 써 보세요.

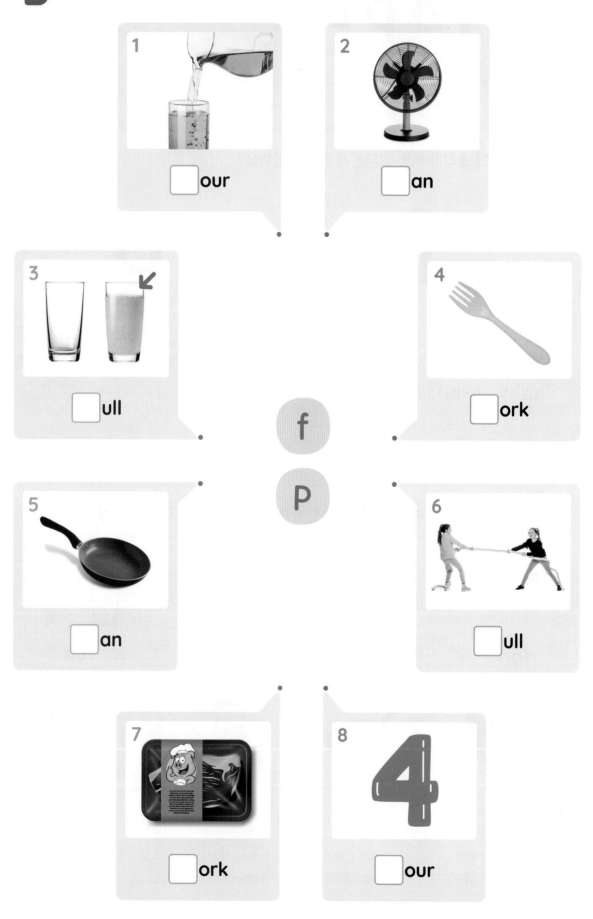

1 ☐our

2 ☐an

3 ☐ull

4 ☐ork

f

P

5 ☐an

6 ☐ull

7 ☐ork

8 ☐our

단어를 듣고, 알맞은 그림에 ◯ 표시를 해 보세요.

1

2

3

4

Write & Speak

D 그림에 알맞은 단어를 완성한 후 소리 내어 읽어 보세요.

1  _ull

2 _ork

3 _our

4 _an

02 b와 v 비교

《 배운 내용 복습해요 》

그림을 보고, 알맞은 알파벳을 찾아 ○ 표시를 한 후 단어를 쓰면서 읽어 보세요.

1 | f | p |

_our

2 | f | p |

_an

3 | f | p |

_ull

4 | f | p |

_ork

5 | f | p |

_ork

6 | f | p |

_ull

7 | f | p |

_an

8 | f | p |

_our

새로운 내용 공부해요

 b와 v의 소리가 어떻게 다른지 확인해 볼까요?

b

b는 윗입술과 아랫입술을 마주 댔다가 떼며 [ㅂ]하고 소리 내요.

v

v는 살짝 깨물듯이 윗니를 아랫입술에 댔다가 아랫입술을 앞으로 살짝 튕기듯 떼며 [ㅂ]하고 소리 내요.

 b와 v의 소리 차이를 확인하면서 단어를 듣고, 소리 내어 두 번씩 따라 말해 보세요.

ban

best

bow

boat

van

vest

vow

vote

Words
> ban 금지
> best 최고의
> bow (허리 굽혀) 절하다
> boat 작은 배, 보트
> van 화물차, 밴
> vest 조끼
> vow 맹세
> vote 투표

B 빈칸에 알맞은 알파벳을 그림과 연결한 후 빈칸에 써 보세요.

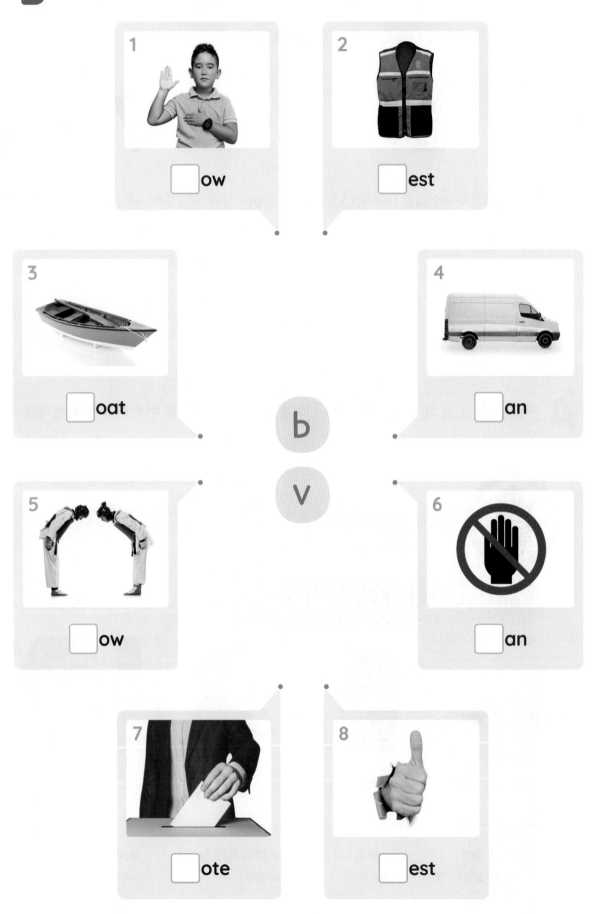

1 ☐ow

2 ☐est

3 ☐oat

4 ☐an

b

v

5 ☐ow

6 ☐an

7 ☐ote

8 ☐est

Listen & Choose

C 단어를 듣고, 알맞은 그림에 ◯ 표시를 해 보세요.

1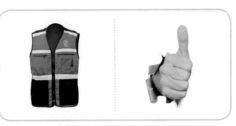

2

3

4

Write & Speak

D 그림에 알맞은 단어를 완성한 후 소리 내어 읽어 보세요.

1 __an

2  __ow

3 __est

4 __oat

l과 r 비교

배운 내용 복습해요

그림을 보고, 알맞은 알파벳을 찾아 ○ 표시를 한 후 단어를 쓰면서 읽어 보세요.

1

b	v

__est

2

b	v

__ow

3

b	v

__oat

4

b	v

__ote

5

b	v

__ow

6

b	v

__an

7

b	v

__an

8

b	v

__est

새로운 내용 공부해요

 l과 r의 소리가 어떻게 다른지 확인해 볼까요?

l은 혀끝을 윗니 뒤에 살짝 댔다가 떼며 [ㄹ] 하고 소리 내요.

r은 '우'라고 말하듯 입술을 내밀다가 [ㄹ] 하고 소리를 내되 혀가 입천장에 닿지 않게 해요.

 l과 r의 소리 차이를 확인하면서 단어를 듣고, 소리 내어 두 번씩 따라 말해 보세요.

lock

lace

light

lake

rock

race

right

rake

Words
> lock 자물쇠   > lace 레이스   > light 전등   > lake 호수
> rock 돌   > race 경주   > right 오른쪽   > rake 갈퀴

B 빈칸에 알맞은 알파벳을 그림과 연결한 후 빈칸에 써 보세요.

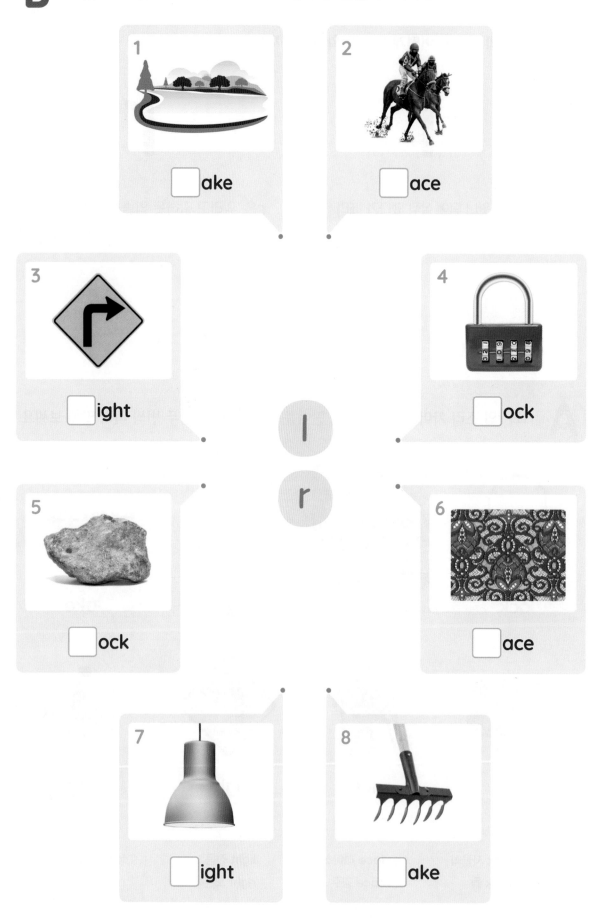

1 ⬜ake

2 ⬜ace

3 ⬜ight

l

r

4 ⬜ock

5 ⬜ock

6 ⬜ace

7 ⬜ight

8 ⬜ake

단어를 듣고, 알맞은 그림에 ○ 표시를 해 보세요.

1

2

3

4

D 그림에 알맞은 단어를 완성한 후 소리 내어 읽어 보세요.

1

 __ight

2

 __ake

3

 __ace

4

 __ock

d와 t 비교

배운 내용 복습해요

그림을 보고, 알맞은 알파벳을 찾아 ○ 표시를 한 후 단어를 쓰면서 읽어 보세요.

1

l	r

_ight

2

l	r

_ace

3

l	r

_ake

4

l	r

_ight

5

l	r

_ock

6

l	r

_ock

7

l	r

_ace

8

l	r

_ake

새로운 내용 공부해요

 d와 t의 소리가 어떻게 다른지 확인해 볼까요?

d

t

d는 윗니 뒤쪽의 볼록한 부분에 혀를 댔다가 떼며 [ㄷ]하고 소리 내요.

t는 윗니 뒤쪽의 볼록한 부분에 혀를 댔다가 살짝 터뜨리듯 바람을 내보내며 [ㅌ]하고 소리 내요.

 d와 t의 소리 차이를 확인하면서 단어를 듣고, 소리 내어 두 번씩 따라 말해 보세요.

d**ie**

d**oe**

d**ime**

d**art**

t**ie**

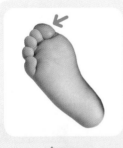

t**oe**

t**ime**

t**art**

Words
- die 죽다
- doe 암사슴
- dime 10센트 동전
- dart 다트
- tie 넥타이
- toe 발가락
- time 시간
- tart 타르트

B 빈칸에 알맞은 알파벳을 그림과 연결한 후 빈칸에 써 보세요.

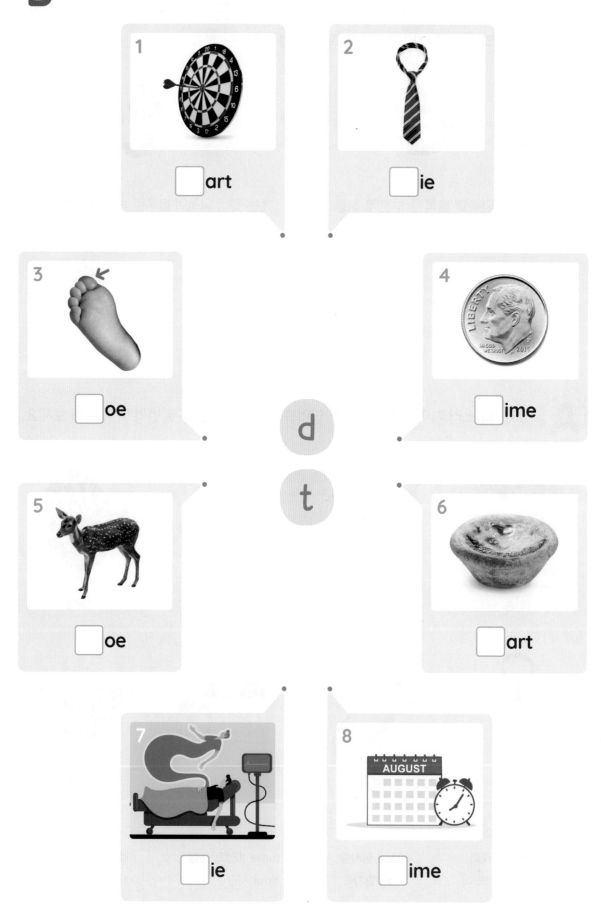

1 ☐art

2 ☐ie

3 ☐oe

4 ☐ime

d
t

5 ☐oe

6 ☐art

7 ☐ie

8 ☐ime

Listen & Choose

 단어를 듣고, 알맞은 그림에 ○ 표시를 해 보세요.

1

2
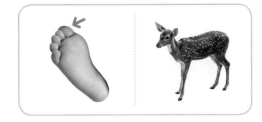

3

4

Write & Speak

D 그림에 알맞은 단어를 완성한 후 소리 내어 읽어 보세요.

1

__ oe __

2

__ art __

3

__ ime __

4

__ ie __

Review | 01-04 |

A 빈칸에 알맞은 알파벳을 보기 에서 골라 그림이 나타내는 단어를 완성해 보세요.

보기

p   d   f   l   b   r   t   v

1 ☐ace

2 ☐ime

3 ☐our

4 ☐an

5 ☐ight

6 ☐ow

7 ☐ull

8 ☐ock

9 ☐oe

10 ☐ake

11 ☐an

12 ☐est

위의 그림판을 모두 완성했나요? 단어의 첫소리에
유의하면서 소리 내어 단어를 읽어 보세요.

B 단어를 듣고, 첫소리에 알맞은 알파벳을 찾아 ○ 표시를 해 보세요.

1
l   r

2
f   p

3
b   v

C 단어를 듣고, 첫소리가 같은 그림을 연결해 보세요.

1

2

3

4

5

6

7

8

D 그림에 알맞은 단어를 써서 표현을 완성해 보세요.

1 the in the

→ the   in the

2 the on the

→ the   on the

이중자음 b l, c l

그림을 보고, 알맞은 알파벳을 찾아 ○ 표시를 한 후 단어를 쓰면서 읽어 보세요.

1

d	t

___ime

2

d	t

__oe

3

d	t

___ie

4

d	t

__oe

5

d	t

___ie

6

d	t

__art

7

d	t

__art

8

d	t

___ime

발음 영상
MP3

 자음 b 또는 c 뒤에 l이 오면 어떤 소리가 나는지 확인해 볼까요?

bl

bl은 b[ㅂ]와 l[ㄹ]을 빠르게 이어 발음하여 [블ㄹ]하고 소리 내요.

cl

cl은 c[ㅋ]와 l[ㄹ]을 빠르게 이어 발음하여 [클ㄹ]하고 소리 내요.

 단어를 듣고, 소리 내어 두 번씩 따라 말해 보세요.

block

blow

blouse

blanket

clock

clap

clip

click

Words
- block 블록
- blow 불다
- blouse 블라우스
- blanket 담요
- clock 시계
- clap 박수
- clip 클립
- click (마우스를) 누르다

B 빈칸에 알맞은 알파벳을 그림과 연결한 후 빈칸에 써 보세요.

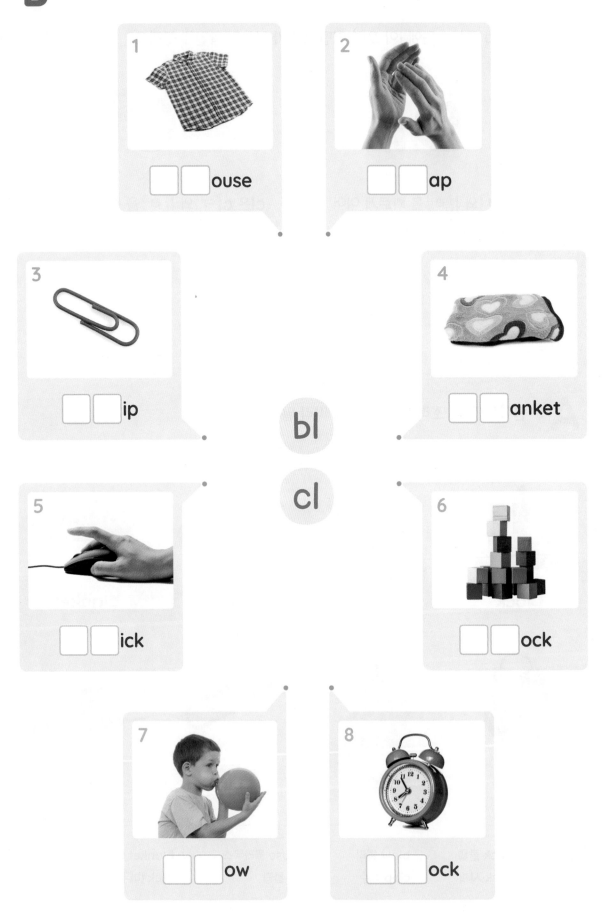

1 ☐☐ouse

2 ☐☐ap

3 ☐☐ip

4 ☐☐anket

bl

cl

5 ☐☐ick

6 ☐☐ock

7 ☐☐ow

8 ☐☐ock

Listen & Choose

단어를 듣고, 첫 번째 그림과 첫소리가 같은 단어의 그림을 찾아 ◯ 표시를 해 보세요.

1

2

3

Write & Speak

D 그림에 알맞은 단어를 완성한 후 소리 내어 읽어 보세요.

1
 __ __ anket

2
 __ __ ock

3
 __ __ ock

4
__ __ ap

31

07

이중자음 fl, gl

배운 내용 복습해요

그림을 보고, 알맞은 알파벳을 찾아 ◯ 표시를 한 후 단어를 쓰면서 읽어 보세요.

1

| bl | cl |

___ow

2

| bl | cl |

___ick

3

| bl | cl |

___ip

4

| bl | cl |

___ap

5

| bl | cl |

___anket

6

| bl | cl |

___ock

7

| bl | cl |

___ock

8

| bl | cl |

___ouse

자음 f 또는 g 뒤에 l이 오면 어떤 소리가 나는지 확인해 볼까요?

fl

fl은 윗니를 아랫입술에 댔다가 떼는 f[ㅍ] 발음과 l[ㄹ]을 빠르게 이어 발음하여 [플ㄹ] 하고 소리 내요.

gl

gl은 g[ㄱ]와 l[ㄹ]을 빠르게 이어 발음 하여 [글ㄹ] 하고 소리 내요.

 단어를 듣고, 소리 내어 두 번씩 따라 말해 보세요.

flag

flower

flute

flame

glass

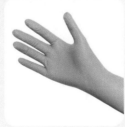
glove

glue

globe

Words
- flag 깃발
- flower 꽃
- flute 플루트
- flame 불꽃
- glass 유리잔
- glove 장갑
- glue 풀
- globe 둥근 물체

B 빈칸에 알맞은 알파벳을 그림과 연결한 후 빈칸에 써 보세요.

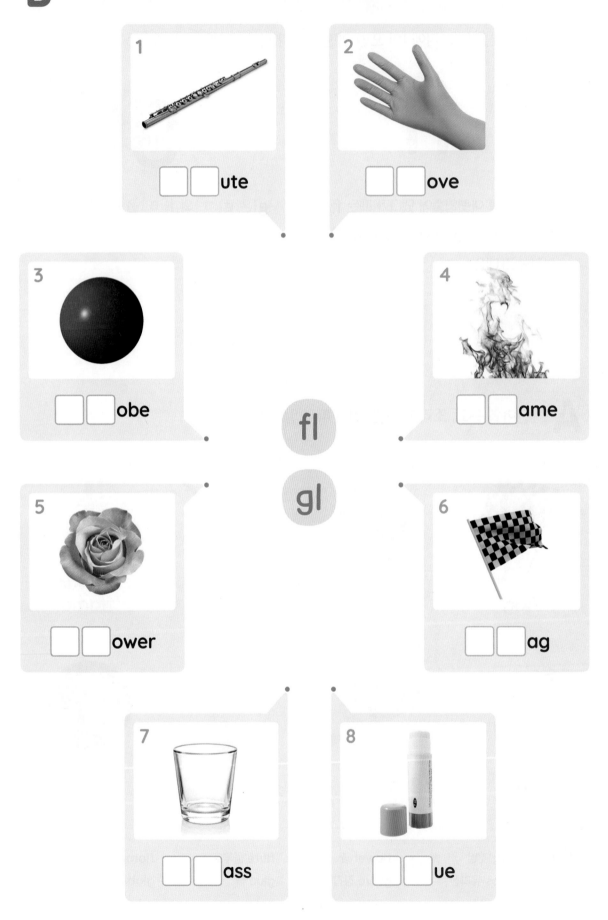

1 ☐☐ute

2 ☐☐ove

3 ☐☐obe

fl

4 ☐☐ame

gl

5 ☐☐ower

6 ☐☐ag

7 ☐☐ass

8 ☐☐ue

단어를 듣고, 첫 번째 그림과 첫소리가 같은 단어의 그림을 찾아 ◯ 표시를 해 보세요.

D 그림에 알맞은 단어를 완성한 후 소리 내어 읽어 보세요.

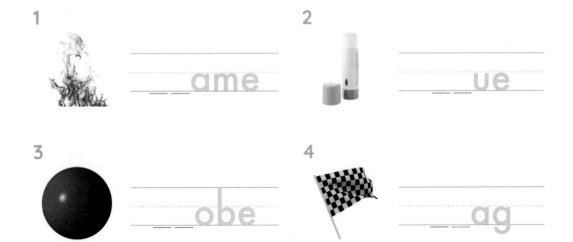

1 ___ame

2 ___ue

3 ___obe

4 ___ag

08

이중자음 pl, sl

배운 내용 복습해요

그림을 보고, 알맞은 알파벳을 찾아 ○ 표시를 한 후 단어를 쓰면서 읽어 보세요.

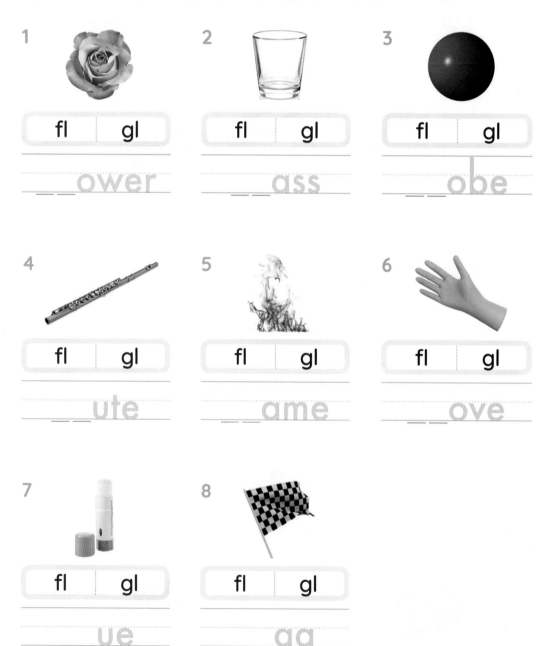

1

| fl | gl |

___ower

2

| fl | gl |

___ass

3

| fl | gl |

___obe

4

| fl | gl |

___ute

5

| fl | gl |

___ame

6

| fl | gl |

___ove

7

| fl | gl |

___ue

8

| fl | gl |

___ag

자음 p 또는 s 뒤에 l이 오면 어떤 소리가 나는지 확인해 볼까요?

pl

pl은 p[ㅍ]와 l[ㄹ]을 빠르게 이어 발음하여 [플ㄹ]하고 소리 내요.

sl

sl은 s[ㅅ]와 l[ㄹ]을 빠르게 이어 발음하여 [슬ㄹ]하고 소리 내요.

 단어를 듣고, 소리 내어 두 번씩 따라 말해 보세요.

plant

plate

plum

plug

sleep

slide

slipper

sled

Words
- plant 식물
- plate 접시
- plum 자두
- plug 플러그
- sleep 자다
- slide 미끄럼틀
- slipper 슬리퍼
- sled 썰매

B 빈칸에 알맞은 알파벳을 그림과 연결한 후 빈칸에 써 보세요.

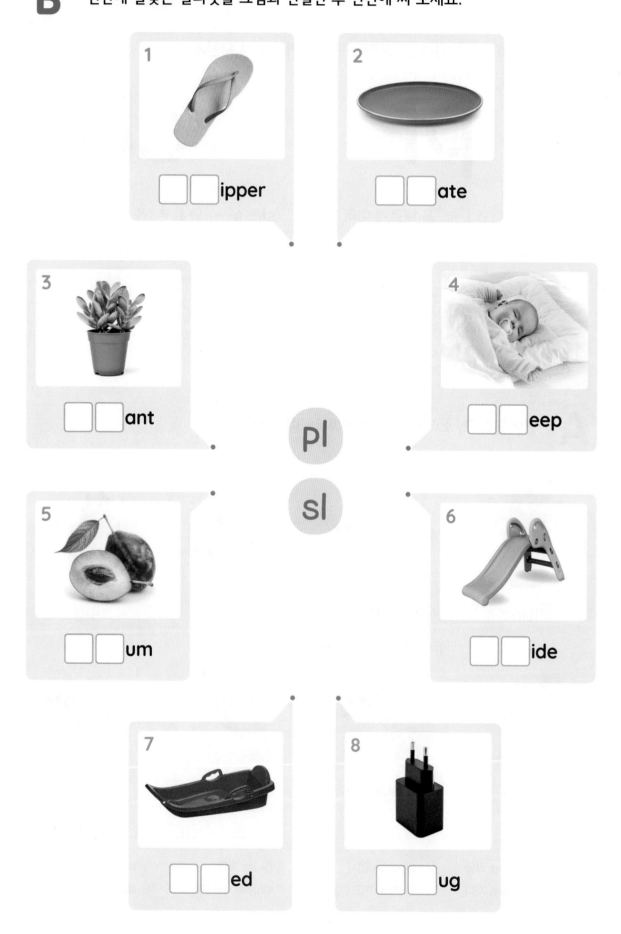

1 ☐☐ipper

2 ☐☐ate

3 ☐☐ant

4 ☐☐eep

pl

sl

5 ☐☐um

6 ☐☐ide

7 ☐☐ed

8 ☐☐ug

단어를 듣고, 첫 번째 그림과 첫소리가 같은 단어의 그림을 찾아 ○ 표시를 해 보세요.

1

2

3

D 그림에 알맞은 단어를 완성한 후 소리 내어 읽어 보세요.

1 __ide

2 __ate

3 __ug

4 __ed

이중자음 br, dr

배운 내용 복습해요

그림을 보고, 알맞은 알파벳을 찾아 ◯ 표시를 한 후 단어를 쓰면서 읽어 보세요.

1
| pl | sl |

__ __ed

2
| pl | sl |

__ __um

3
| pl | sl |

__ __ipper

4
| pl | sl |

__ __ug

5
| pl | sl |

__ __ide

6
| pl | sl |

__ __ate

7
| pl | sl |

__ __eep

8
| pl | sl |

__ __ant

새로운 내용 공부해요

 자음 b 또는 d 뒤에 r이 오면 어떤 소리가 나는지 확인해 볼까요?

br

dr

br은 b[ㅂ]와 r[ㄹ]을 빠르게 이어 발음하여 [브ㄹ]하고 소리 내요. r[ㄹ]은 혀끝으로 윗니 뒤쪽의 볼록한 부분을 살짝 스치는 느낌으로 발음해요.

dr은 d[ㄷ]와 r[ㄹ]을 빠르게 이어 발음하여 [드ㄹ]하고 소리 내요.

 단어를 듣고, 소리 내어 두 번씩 따라 말해 보세요.

bread

brick

bridge

broom

drive

drum

dress

dragon

Words
> bread 빵
> brick 벽돌
> bridge 다리
> broom 빗자루
> drive 운전하다
> drum 북
> dress 드레스
> dragon 용

B 빈칸에 알맞은 알파벳을 그림과 연결한 후 빈칸에 써 보세요.

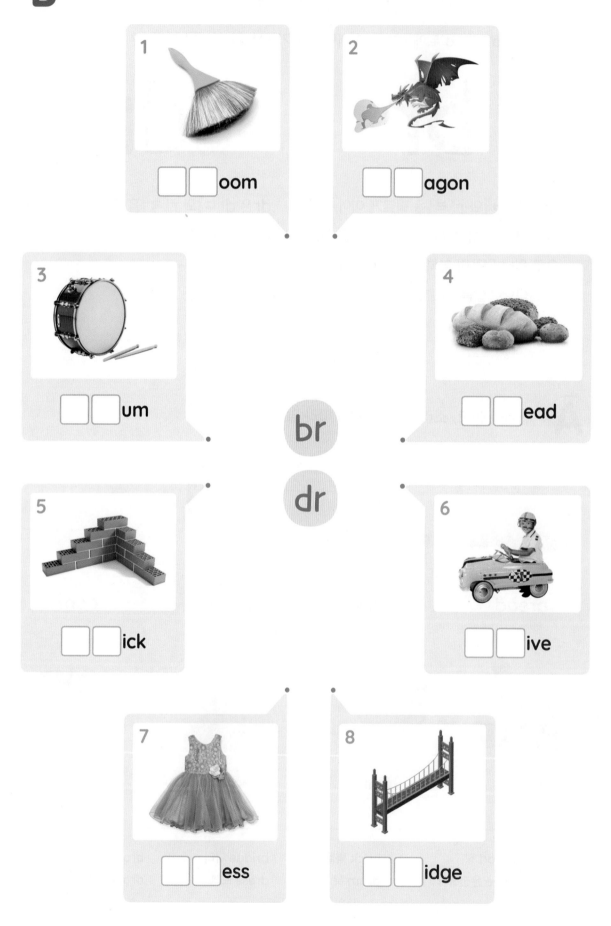

1 ☐☐oom

2 ☐☐agon

3 ☐☐um

4 ☐☐ead

br

dr

5 ☐☐ick

6 ☐☐ive

7 ☐☐ess

8 ☐☐idge

Listen & Choose

 단어를 듣고, 첫 번째 그림과 첫소리가 같은 단어의 그림을 찾아 ◯ 표시를 해 보세요.

1

2

3

Write & Speak

D 그림에 알맞은 단어를 완성한 후 소리 내어 읽어 보세요.

1 ＿＿ead

2 ＿＿oom

3 ＿＿agon

4 ＿＿ess

10 Review | 06-09 |

A 빈칸에 알맞은 알파벳을 보기 에서 골라 그림이 나타내는 단어를 완성해 보세요.

보기
| gl | fl | bl | cl | pl | sl | br | dr |

1 ☐☐um

2 ☐☐ow

3 ☐☐ead

4 ☐☐ute

5 ☐☐ed

6 ☐☐ue

7 ☐☐agon

8 ☐☐ide

9 ☐☐oom

10 ☐☐ant

11 ☐☐ock

12 ☐☐obe

위의 그림판을 모두 완성했나요? 단어의 첫소리에
유의하면서 소리 내어 단어를 읽어 보세요.

B 단어를 듣고, 첫소리에 알맞은 알파벳을 찾아 ◯ 표시를 해 보세요.

1	2	3

pl fl	dr br	sl cl

C 단어를 듣고, 첫소리가 같은 그림을 연결해 보세요.

1    2    3   4

5    6    7    8

D 그림에 알맞은 단어를 써서 표현을 완성해 보세요.

1 the  in the

→ the _____ in the _____

2 on the

→ _____ on the _____

이중자음 gr, tr

배운 내용 복습해요

그림을 보고, 알맞은 알파벳을 찾아 ○ 표시를 한 후 단어를 쓰면서 읽어 보세요.

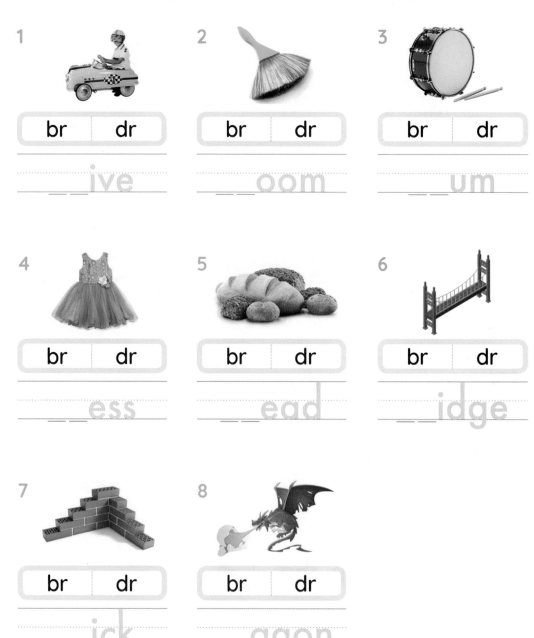

1

| br | dr |

___ive

2

| br | dr |

___oom

3

| br | dr |

___um

4

| br | dr |

___ess

5

| br | dr |

___ead

6

| br | dr |

___idge

7

| br | dr |

___ick

8

| br | dr |

___agon

발음 영상
MP3

 자음 g 또는 t 뒤에 r이 오면 어떤 소리가 나는지 확인해 볼까요?

gr

tr

gr은 g[ㄱ]와 r[ㄹ]을 빠르게 이어 발음하여 [그ㄹ]하고 소리 내요.

tr은 t[ㅌ]와 r[ㄹ]을 빠르게 이어 발음하여 [트ㄹ]하고 소리 내요. 이때 t는 우리말의 'ㅌ'과 'ㅊ'의 중간 정도 소리의 느낌으로 발음해요.

 A 단어를 듣고, 소리 내어 두 번씩 따라 말해 보세요.

grass

grape

grandma

grain

tree

truck

treasure

trumpet

Words
> grass 풀, 잔디
> grape 포도
> grandma 할머니
> grain 곡물
> tree 나무
> truck 트럭
> treasure 보물
> trumpet 트럼펫

B 빈칸에 알맞은 알파벳을 그림과 연결한 후 빈칸에 써 보세요.

1 ☐☐ape

2 ☐☐easure

3 ☐☐ee

4 ☐☐ain

gr

tr

5 ☐☐umpet

6 ☐☐ass

7 ☐☐andma

8 ☐☐uck

단어를 듣고, 첫 번째 그림과 첫소리가 같은 단어의 그림을 찾아 ○ 표시를 해 보세요.

1

2

3

Write & Speak

D 그림에 알맞은 단어를 완성한 후 소리 내어 읽어 보세요.

1  __ __ee

2 __ __ain

3  __ __ape

4  __ __uck

49

12

이중자음 cr, fr, pr

(배운 내용 복습해요)

그림을 보고, 알맞은 알파벳을 찾아 ◯ 표시를 한 후 단어를 쓰면서 읽어 보세요.

1

| gr | tr |

_ _ _ass

2

| gr | tr |

_ _ _uck

3

| gr | tr |

_ _ _ain

4

| gr | tr |

_ _ _easure

5

| gr | tr |

_ _ _ee

6

| gr | tr |

_ _ _ape

7

| gr | tr |

_ _ _andma

8

| gr | tr |

_ _ _umpet

발음 영상
MP3

 자음 c, f, p 뒤에 r이 오면 어떤 소리가 나는지 확인해 볼까요?

cr

cr은 c[ㅋ]와 r[ㄹ]을 빠르게 이어 발음하여 [크ㄹ]하고 소리 내요.

fr

fr은 f[ㅍ]와 r[ㄹ]을 빠르게 이어 발음하여 [프ㄹ]하고 소리 내요.

pr

pr은 p[ㅍ]와 r[ㄹ]을 빠르게 이어 발음하여 [프ㄹ]하고 소리 내요.

 단어를 듣고, 소리 내어 두 번씩 따라 말해 보세요.

cream

crab

crayon

fruit

friend

frog

prize

present

price

Words ▸ cream 크림 ▸ crab 게 ▸ crayon 크레용 ▸ fruit 과일 ▸ friend 친구
▸ frog 개구리 ▸ prize 상 ▸ present 선물 ▸ price 가격

B 빈칸에 알맞은 알파벳을 그림과 연결한 후 빈칸에 써 보세요.

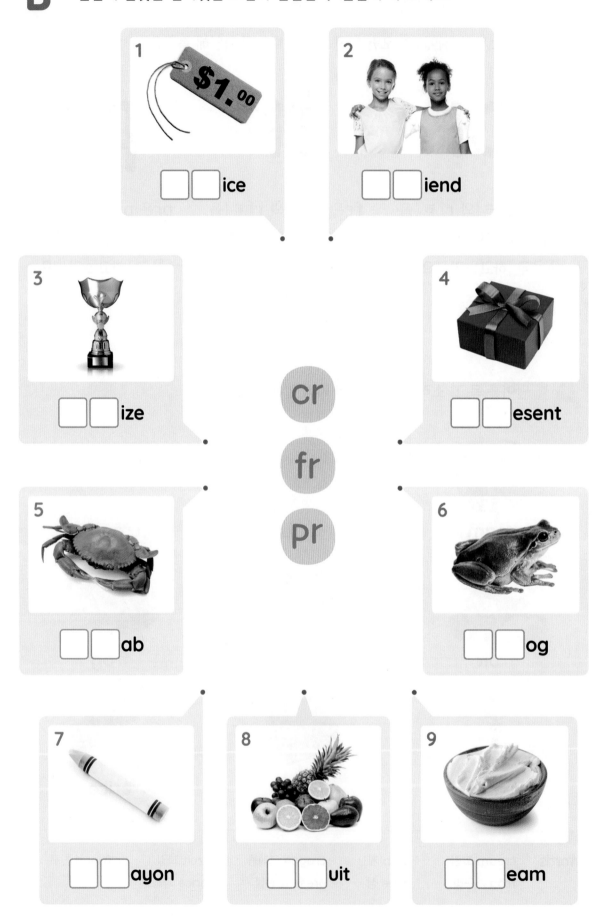

1 ☐☐ice

2 ☐☐iend

3 ☐☐ize

4 ☐☐esent

cr

fr

pr

5 ☐☐ab

6 ☐☐og

7 ☐☐ayon

8 ☐☐uit

9 ☐☐eam

Listen & Choose

 단어를 듣고, 첫 번째 그림과 첫소리가 같은 단어의 그림을 찾아 ◯ 표시를 해 보세요.

1

2

3

Write & Speak

D 그림에 알맞은 단어를 완성한 후 소리 내어 읽어 보세요.

1
____ice

2
__ab

3
__esent

4
__og

13

이중자음 scr, spr, str

배운 내용 복습해요

그림을 보고, 알맞은 알파벳을 찾아 ○ 표시를 한 후 단어를 쓰면서 읽어 보세요.

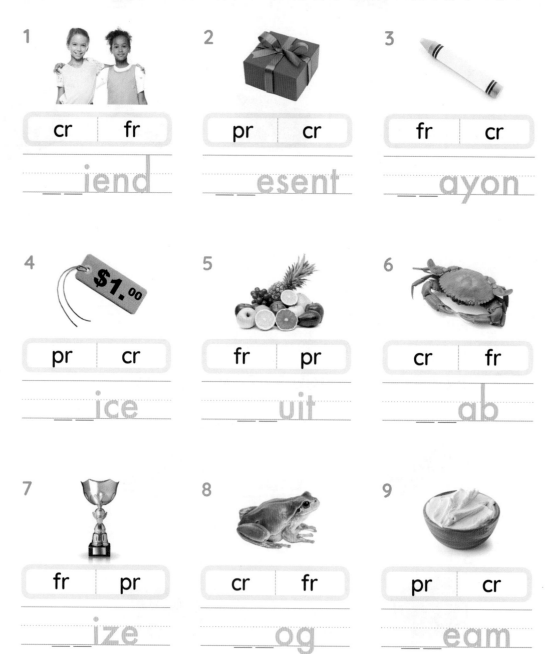

1

| cr | fr |

___iend

2

| pr | cr |

___esent

3

| fr | cr |

___ayon

4

| pr | cr |

___ice

5

| fr | pr |

___uit

6

| cr | fr |

___ab

7

| fr | pr |

___ize

8

| cr | fr |

___og

9

| pr | cr |

___eam

이중자음 sc, sp, st 뒤에 r이 오면 어떤 소리가 나는지 확인해 볼까요?

scr | spr | str

scr은 sc[스크]와 r[ㄹ]을 빠르게 이어 발음하여 [스크ㄹ]하고 소리 내요.

spr은 sp[스프]와 r[ㄹ]을 빠르게 이어 발음하여 [스프ㄹ]하고 소리 내요.

str은 st[스트]와 r[ㄹ]을 빠르게 이어 발음하여 [스트ㄹ]하고 소리 내요.

 단어를 듣고, 소리 내어 두 번씩 따라 말해 보세요.

scream

screen

screw

spray

spring

sprint

straw

strap

stroller

Words ▸ scream 소리치다 ▸ screen 화면 ▸ screw 나사못 ▸ spray 뿌리다 ▸ spring 용수철
▸ sprint 단거리 경주 ▸ straw 빨대 ▸ strap 끈, 줄 ▸ stroller 유모차

B 빈칸에 알맞은 알파벳을 그림과 연결한 후 빈칸에 써 보세요.

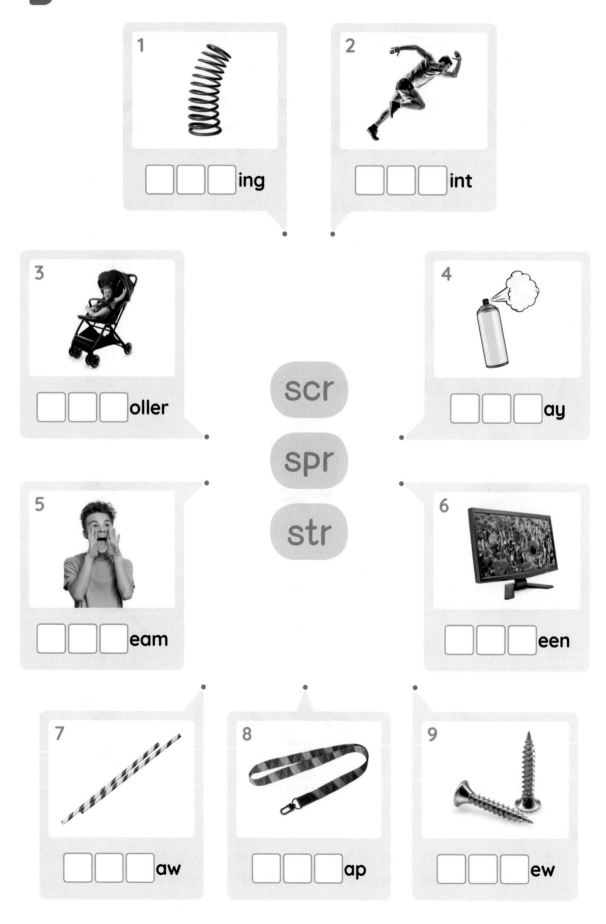

1 ☐☐☐ing

2 ☐☐☐int

3 ☐☐☐oller

scr

spr

str

4 ☐☐☐ay

5 ☐☐☐eam

6 ☐☐☐een

7 ☐☐☐aw

8 ☐☐☐ap

9 ☐☐☐ew

단어를 듣고, 알맞은 그림에 ○ 표시를 해 보세요.

1

2

3

4

Write & Speak

D 그림에 알맞은 단어를 완성한 후 소리 내어 읽어 보세요.

1

_____een

2

_____oller

3

_____ap

4

_____int

14

이중자음 sc, sk

배운 내용 복습해요

그림을 보고, 알맞은 알파벳을 찾아 ◯ 표시를 한 후 단어를 쓰면서 읽어 보세요.

1
| spr | scr |
___ay

2
| scr | str |
___ap

3
| str | scr |
___ew

4
| scr | str |
___eam

5
| str | spr |
___ing

6
| spr | str |
___aw

7
| spr | str |
___oller

8
| scr | spr |
___een

9
| spr | scr |
___int

새로운 내용 공부해요

 자음 s 뒤에 c 또는 k가 오면 어떤 소리가 나는지 확인해 볼까요?

sc

sc는 s[ㅅ]와 c[ㅋ]를 빠르게 이어 발음하여 [스ㅋ]하고 소리 내요.

sk

sk는 s[ㅅ]와 k[ㅋ]를 빠르게 이어 발음하여 [스ㅋ]하고 소리 내요.

 단어를 듣고, 소리 내어 두 번씩 따라 말해 보세요.

scarf

scale

score

scoop

ski

skirt

skate

skunk

Words
- scarf 스카프
- scale 저울
- score 득점(표)
- scoop (깊고 둥근) 숟가락
- ski 스키
- skirt 치마
- skate 스케이트
- skunk 스컹크

B 빈칸에 알맞은 알파벳을 그림과 연결한 후 빈칸에 써 보세요.

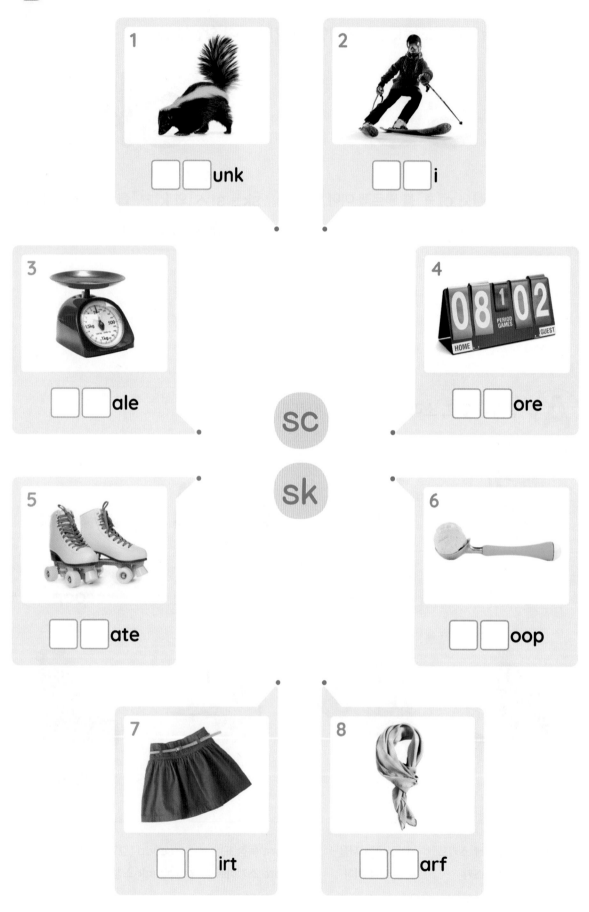

1. ☐☐unk

2. ☐☐i

3. ☐☐ale

4. ☐☐ore

sc

sk

5. ☐☐ate

6. ☐☐oop

7. ☐☐irt

8. ☐☐arf

Listen & Choose

 단어를 듣고, 알맞은 그림에 ○ 표시를 해 보세요.

1

2

3

4

Write & Speak

D 그림에 알맞은 단어를 완성한 후 소리 내어 읽어 보세요.

1  ___ ___ ___ ate

2 ___ ___ ___ ore

3 ___ ___ ___ ale

4 ___ ___ ___ irt

Review |11-14|

A 빈칸에 알맞은 알파벳을 **보기**에서 골라 그림이 나타내는 단어를 완성해 보세요.

보기

| spr | gr | tr | cr | fr | pr | str | sc | sk | scr |

1 ☐☐og

2 ☐☐arf

3 ☐☐☐eam

4 ☐☐☐aw

5 ☐☐ape

6 ☐☐ize

7 ☐☐uck

8 ☐☐☐ew

9 ☐☐i

10 ☐☐eam

11 ☐☐☐ing

12 ☐☐☐oller

위의 그림판을 모두 완성했나요? 단어의 첫소리에
유의하면서 소리 내어 단어를 읽어 보세요.

B 단어를 듣고, 단어에 포함된 알파벳을 찾아 ○ 표시를 해 보세요.

1 tr　pr

2 sc　cr

3 scr　spr

C 단어를 듣고, 첫소리가 같은 그림을 연결해 보세요.

1　　2　　3　　4

5　　6　　7　　8

D 그림에 알맞은 단어를 써서 표현을 완성해 보세요.

1 the 🦨 in the 🌾

→ the _____ in the _____

2 the 🏷$1.00 of the 👟

→ the _____ of the _____

16

이중자음 sm, sn

(배운 내용 복습해요)

그림을 보고, 알맞은 알파벳을 찾아 ○ 표시를 한 후 단어를 쓰면서 읽어 보세요.

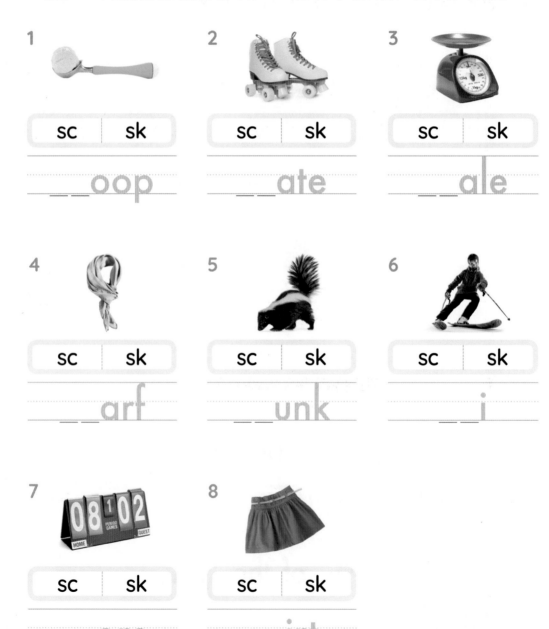

1

| sc | sk |

＿＿oop

2

| sc | sk |

＿＿ate

3

| sc | sk |

＿＿ale

4

| sc | sk |

＿＿arf

5

| sc | sk |

＿＿unk

6

| sc | sk |

＿＿i

7

| sc | sk |

＿＿ore

8

| sc | sk |

＿＿irt

발음 영상
MP3

 자음 s 뒤에 m 또는 n이 오면 어떤 소리가 나는지 확인해 볼까요?

sm

sm은 s[ㅅ]와 m[ㅁ]을 빠르게 이어 발음하여 [스ㅁ]하고 소리 내요.

sn

sn은 s[ㅅ]와 n[ㄴ]을 빠르게 이어 발음하여 [스ㄴ]하고 소리 내요.

 단어를 듣고, 소리 내어 두 번씩 따라 말해 보세요.

smell

smile

small

smoke

snack

snake

snail

sneakers

Words ▸ smell 냄새 맡다 ▸ smile 미소 짓다 ▸ small 작은 ▸ smoke 연기
▸ snack 간식 ▸ snake 뱀 ▸ snail 달팽이 ▸ sneakers 운동화

65

B 빈칸에 알맞은 알파벳을 그림과 연결한 후 빈칸에 써 보세요.

1 ☐☐ake

2 ☐☐all

3 ☐☐oke

4 ☐☐ell

sm

sn

5 ☐☐ack

6 ☐☐eakers

7 ☐☐ile

8 ☐☐ail

Listen & Choose

C 단어를 듣고, 알맞은 그림에 ⭕ 표시를 해 보세요.

1

2

3

4

Write & Speak

D 그림에 알맞은 단어를 완성한 후 소리 내어 읽어 보세요.

1

____ile

2

___ack

3

____ail

4

____all

이중자음 sp, sq

배운 내용 복습해요

그림을 보고, 알맞은 알파벳을 찾아 ○ 표시를 한 후 단어를 쓰면서 읽어 보세요.

1 | sm | sn | ___eakers

2 | sm | sn | ___ile

3 | sm | sn | ___ail

4 | sm | sn | ___ake

5 | sm | sn | ___all

6 | sm | sn | ___ell

7 | sm | sn | ___oke

8 | sm | sn | ___ack

 자음 s 뒤에 p 또는 q가 오면 어떤 소리가 나는지 확인해 볼까요?

sp

sp는 s[ㅅ]와 p[ㅍ]를 빠르게 이어 발음하여 [스ㅍ]하고 소리 내요.

sq

sq는 s[ㅅ]와 q[ㅋ]를 빠르게 이어 발음하여 [스ㅋ]하고 소리 내요. sq 뒤에는 주로 u가 쓰여 [스쿠]에 가깝게 소리 내요.

 단어를 듣고, 소리 내어 두 번씩 따라 말해 보세요.

spoon

spider

sponge

speaker

square

squid

squirrel

squash

Words
> spoon 숟가락
> spider 거미
> sponge 스펀지
> speaker 스피커
> square 사각형
> squid 오징어
> squirrel 다람쥐
> squash 스쿼시

B 빈칸에 알맞은 알파벳을 그림과 연결한 후 빈칸에 써 보세요.

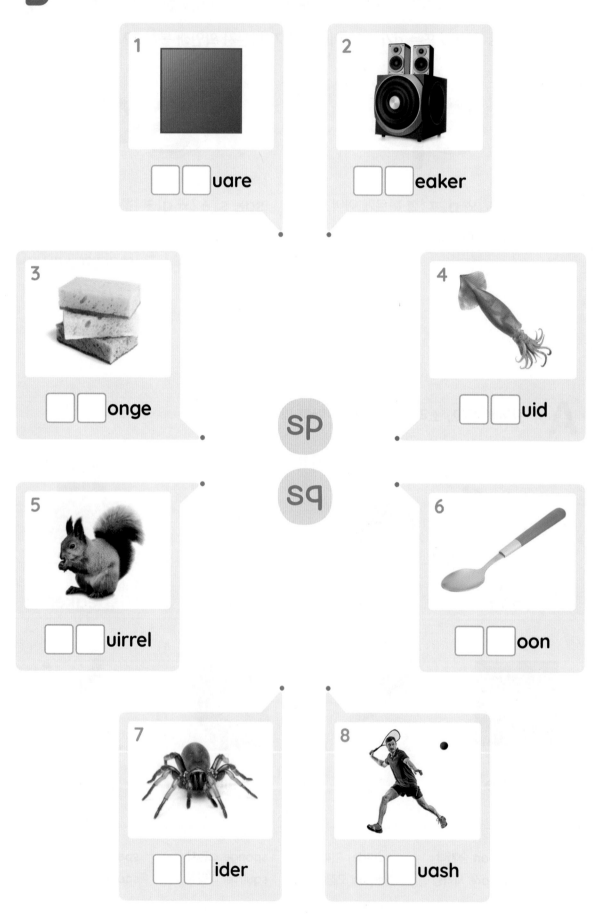

1 ☐☐uare

2 ☐☐eaker

3 ☐☐onge

4 ☐☐uid

sp

sq

5 ☐☐uirrel

6 ☐☐oon

7 ☐☐ider

8 ☐☐uash

Listen & Choose

C 단어를 듣고, 알맞은 그림에 ⭕ 표시를 해 보세요.

1

2

3

4

Write & Speak

D 그림에 알맞은 단어를 완성한 후 소리 내어 읽어 보세요.

1  ____ider

2 ____uare

3 ____uash

4 ____onge

18

이중자음 st, sw

배운 내용 복습해요

그림을 보고, 알맞은 알파벳을 찾아 ○ 표시를 한 후 단어를 쓰면서 읽어 보세요.

1

sp	sq

__uare

2

sp	sq

__onge

3

sp	sq

__uid

4

sp	sq

__oon

5

sp	sq

__eaker

6

sp	sq

__uirrel

7

sp	sq

__ider

8

sp	sq

__uash

새로운 내용 공부해요

 자음 s 뒤에 t 또는 w가 오면 어떤 소리가 나는지 확인해 볼까요?

st

sw

st는 s[ㅅ]와 t[ㅌ]를 빠르게 이어 발음하여 [스트]하고 소리 내요.

sw는 s[ㅅ]와 w[우]를 빠르게 이어 발음하여 [스우]하고 소리 내요.

 단어를 듣고, 소리 내어 두 번씩 따라 말해 보세요.

stop

stone

stamp

steak

swim

swing

swan

sweep

Words
- stop 정지
- stone 돌멩이
- stamp 도장
- steak 스테이크
- swim 수영하다
- swing 그네
- swan 백조
- sweep (빗자루로) 쓸다

B 빈칸에 알맞은 알파벳을 그림과 연결한 후 빈칸에 써 보세요.

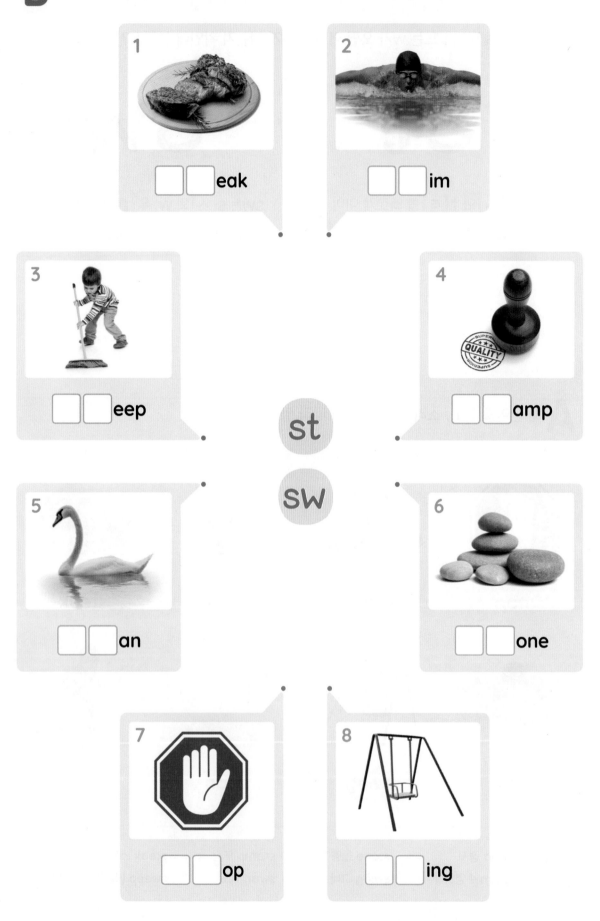

1 □□eak

2 □□im

3 □□eep

4 □□amp

st

sw

5 □□an

6 □□one

7 □□op

8 □□ing

Listen & Choose

 단어를 듣고, 알맞은 그림에 ◯ 표시를 해 보세요.

1

2

3

4

Write & Speak

D 그림에 알맞은 단어를 완성한 후 소리 내어 읽어 보세요.

1  ＿＿ing

2 ＿＿eep

3 ＿＿amp

4 ＿＿op

이중자음 ch, sh

배운 내용 복습해요

그림을 보고, 알맞은 알파벳을 찾아 ○ 표시를 한 후 단어를 쓰면서 읽어 보세요.

1

st	sw

___one

2

st	sw

___eep

3

st	sw

___im

4

st	sw

___amp

5

st	sw

___eak

6

st	sw

___ing

7

st	sw

___op

8

st	sw

___an

새로운 내용 공부해요

 자음 c 또는 s 뒤에 h가 오면 어떤 소리가 나는지 확인해 볼까요?

ch

자음 c와 h가 함께 있으면 [ㅊ]에 가까운 소리로 발음해요.

sh

자음 s와 h가 함께 있으면 [쉬]에 가까운 소리로 발음해요.

 단어를 듣고, 소리 내어 두 번씩 따라 말해 보세요.

chair

cheese

peach

lunch

ship

shadow

dish

wash

Words
> chair 의자
> ship 배

> cheese 치즈
> shadow 그림자

> peach 복숭아
> dish 접시

> lunch 점심
> wash 씻다

B 빈칸에 알맞은 알파벳을 그림과 연결한 후 빈칸에 써 보세요.

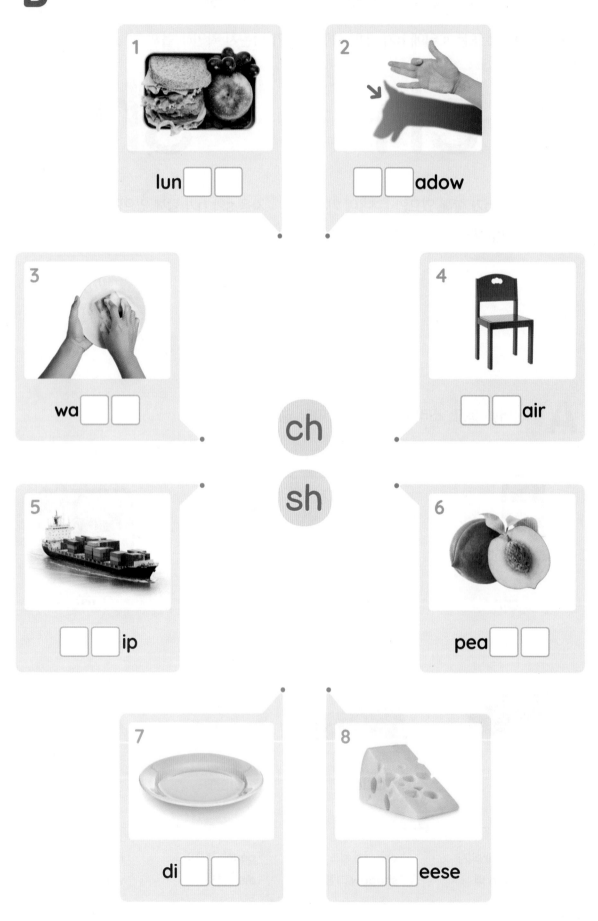

1 lun☐☐

2 ☐☐adow

3 wa☐☐

4 ☐☐air

ch

sh

5 ☐☐ip

6 pea☐☐

7 di☐☐

8 ☐☐eese

Listen & Choose

 단어를 듣고, 첫 번째 그림과 첫소리 또는 끝소리가 같은 단어의 그림을 찾아 ○ 표시를 해 보세요.

1 첫소리

2 첫소리

3 끝소리

Write & Speak

D 그림에 알맞은 단어를 완성한 후 소리 내어 읽어 보세요.

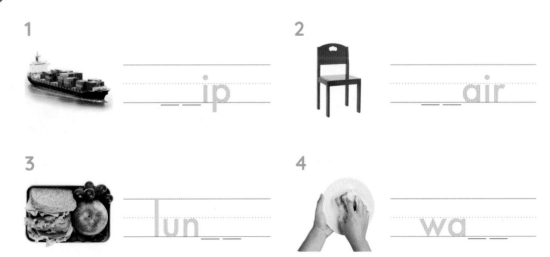

1 ＿＿ip

2 ＿air

3 lun＿＿

4 wa＿＿

Review | 16-19 |

A 빈칸에 알맞은 알파벳을 보기에서 골라 그림이 나타내는 단어를 완성해 보세요.

보기

| sn | sp | sq | st | sw | ch | sh | sm |

1

⬜⬜op

2

pea⬜⬜

3

⬜⬜ail

4

⬜⬜oke

5

⬜⬜uid

6

⬜⬜an

7

wa⬜⬜

8

lun⬜⬜

9

di⬜⬜

10

⬜⬜ider

11

⬜⬜all

12

⬜⬜amp

위의 그림판을 모두 완성했나요? 단어의 첫소리 또는
끝소리에 유의하면서 소리 내어 단어를 읽어 보세요.

B 단어를 듣고, 첫소리에 알맞은 알파벳을 찾아 O 표시를 해 보세요.

1	
sw	sq

2	
sw	st

3	
sh	ch

C 단어를 듣고, 그림에 알맞은 단어의 번호를 빈칸에 써 보세요.

D 그림에 알맞은 단어를 써서 표현을 완성해 보세요.

1 the of the

→ the .... of the ....

2 with the

→ .... with the ....

이중자음 th

《 배운 내용 복습해요 》

그림을 보고, 알맞은 알파벳을 찾아 ◯ 표시를 한 후 단어를 쓰면서 읽어 보세요.

1
| ch | sh |

_pea___

2
| ch | sh |

_wa___

3
| ch | sh |

___adow

4
| ch | sh |

_di___

5
| ch | sh |

___eese

6
| ch | sh |

___ip

7
| ch | sh |

_lun___

8
| ch | sh |

___air

 자음 t 뒤에 h가 오면 발음되는 두 가지 소리가 어떻게 다른지 확인해 볼까요?

th [θ]

th의 첫 번째 소리는 윗니와 아랫니 사이에 혀를 약간 넣었다가 빼며 [ㅆ]와 [ㄸ]의 중간에 가까운 소리로 발음하고 기호로는 [θ]로 표시해요.

th [ð]

th의 두 번째 소리는 윗니와 아랫니 사이에 혀를 약간 넣었다가 빼며 [ㄷ]에 가까운 소리로 발음하고 기호로는 [ð]로 표시해요.

 단어를 듣고, 소리 내어 두 번씩 따라 말해 보세요.

think

thumb

mon**th**

ba**th**

this

mo**th**er

fa**th**er

wea**th**er

Words
▸ think 생각하다 ▸ thumb 엄지손가락 ▸ month 월, 달 ▸ bath 목욕
▸ this 이것 ▸ mother 엄마 ▸ father 아빠 ▸ weather 날씨

B 그림을 보고, 빈칸에 알맞은 알파벳의 발음이 같은 것끼리 단어를 써 보세요.

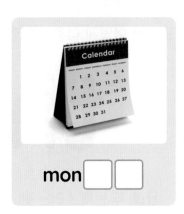

mon☐☐

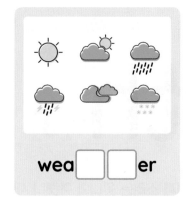

wea☐☐er

☐☐ink

☐☐umb

mo☐☐er

ba☐☐

fa☐☐er

☐☐is

1 th[θ]   month, _____, _____, _____

2 th[ð]   _____, _____, _____, _____

C 단어를 듣고, 첫 번째 그림과 첫소리 또는 끝소리가 같은 단어의 그림을 찾아 ◯ 표시를 해 보세요.

1 첫소리

2 끝소리

3 끝소리

D 그림에 알맞은 단어를 완성한 후 소리 내어 읽어 보세요.

1

 __umb

2

 __is

3

 mo__er

4

 ba__

22 이중자음 ph, wh

배운 내용 복습해요

그림을 보고, 알맞은 소리를 찾아 ◯ 표시를 한 후 단어를 쓰면서 읽어 보세요.

1

| th[θ] | th[ð] |

mo__er

2

| th[θ] | th[ð] |

__is

3

| th[θ] | th[ð] |

mon__

4

| th[θ] | th[ð] |

wea__er

5

| th[θ] | th[ð] |

__ink

6

| th[θ] | th[ð] |

fa__er

7

| th[θ] | th[ð] |

ba__

8 →

| th[θ] | th[ð] |

__umb

발음 영상
MP3

자음 p 또는 w 뒤에 h가 오면 어떤 소리가 나는지 확인해 볼까요?

ph

wh

ph는 f와 같은 발음이에요. 살짝 깨물듯이 윗니를 아랫입술에 댔다가 떼며 [ㅍ]하고 발음해요.

wh에서 h는 거의 소리를 내지 않고, [우]에 가까운 소리로 발음해요.

A 단어를 듣고, 소리 내어 두 번씩 따라 말해 보세요.

phone

photo

dolphin

alphabet

whale

wheat

whistle

wheel

Words
- phone 전화
- photo 사진
- dolphin 돌고래
- alphabet 알파벳
- whale 고래
- wheat 밀
- whistle 호루라기
- wheel 바퀴

B 빈칸에 알맞은 알파벳을 그림과 연결한 후 빈칸에 써 보세요.

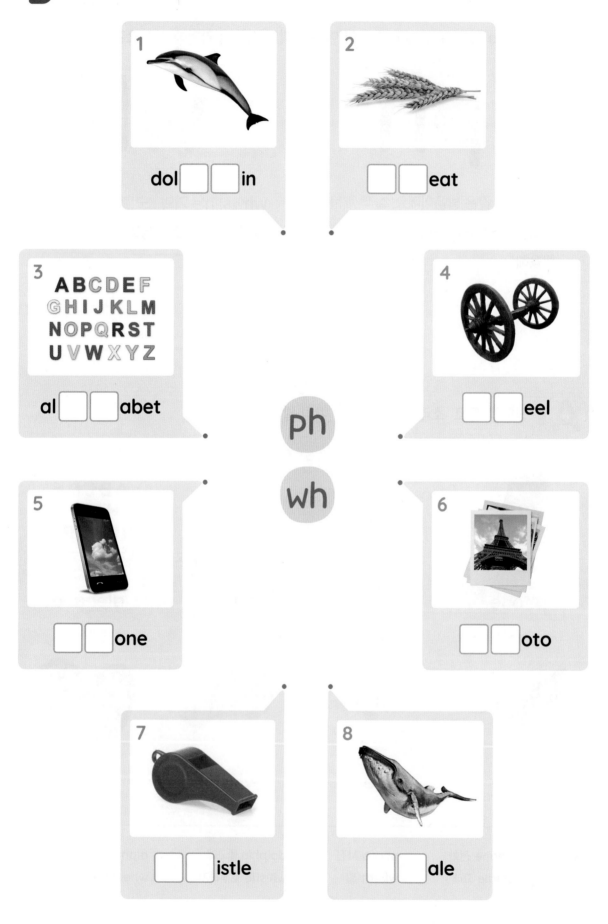

1 dol☐☐in

2 ☐☐eat

3 al☐☐abet
ABCDEF GHIJKLM NOPQRST UVWXYZ

4 ☐☐eel

ph

wh

5 ☐☐one

6 ☐☐oto

7 ☐☐istle

8 ☐☐ale

단어를 듣고, 첫 번째 그림과 첫소리가 같은 단어의 그림을 찾아 ○ 표시를 해 보세요.

1

2

3

D 그림에 알맞은 단어를 완성한 후 소리 내어 읽어 보세요.

1 dol＿＿in

2 ＿＿eel

3  ＿＿eat

4 ＿＿oto

23 -nd, -nt로 끝나는 단어

배운 내용 복습해요

그림을 보고, 알맞은 알파벳을 찾아 ○ 표시를 한 후 단어를 쓰면서 읽어 보세요.

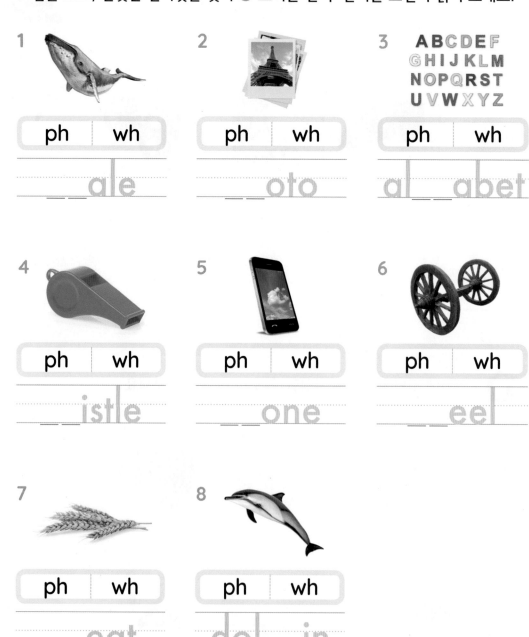

1
| ph | wh |

___ale

2
| ph | wh |

___oto

3

A B C D E F
G H I J K L M
N O P Q R S T
U V W X Y Z

| ph | wh |

al___abet

4
| ph | wh |

___istle

5
| ph | wh |

___one

6
| ph | wh |

___eel

7
| ph | wh |

___eat

8
| ph | wh |

dol___in

발음 영상
MP3

 자음 n 뒤에 d 또는 t가 끝소리로 오면 어떤 소리가 나는지 확인해 볼까요?

-nd

-nt

nd로 끝나는 단어는 [은ㄷ]하고 발음해요.
d는 앞의 **n**에 비해 약하게 발음해요.

nt로 끝나는 단어는 [은ㅌ]하고 발음해요.
t는 앞의 **n**에 비해 약하게 발음해요.

 단어를 듣고, 소리 내어 두 번씩 따라 말해 보세요.

ha**nd**

sta**nd**

diamo**nd**

blo**nd**

pai**nt**

stude**nt**

te**nt**

gia**nt**

Words
- hand 손
- stand 서다
- diamond 다이아몬드
- blond 금발
- paint 페인트
- student 학생
- tent 텐트
- giant 거인

91

B 빈칸에 알맞은 알파벳을 그림과 연결한 후 빈칸에 써 보세요.

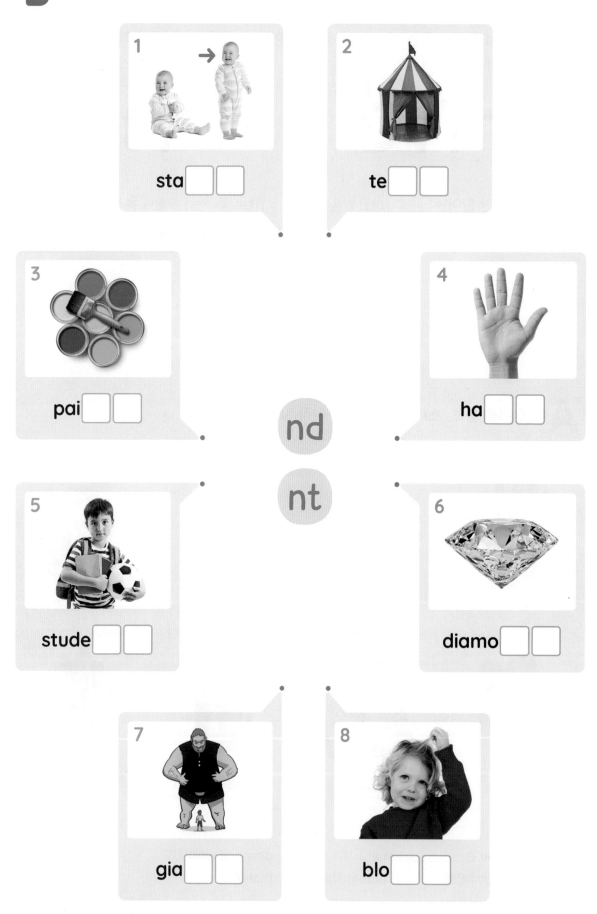

1 sta◻◻

2 te◻◻

3 pai◻◻

4 ha◻◻

nd

nt

5 stude◻◻

6 diamo◻◻

7 gia◻◻

8 blo◻◻

Listen & Choose

C 단어를 듣고, 첫 번째 그림과 끝소리가 같은 단어의 그림을 찾아 ○ 표시를 해 보세요.

1

2

3

Write & Speak

D 그림에 알맞은 단어를 완성한 후 소리 내어 읽어 보세요.

1 gia___

2  stude___

3 blo___

4 sta___

-ng, -nk로 끝나는 단어

배운 내용 복습해요

그림을 보고, 알맞은 알파벳을 찾아 ○ 표시를 한 후 단어를 쓰면서 읽어 보세요.

1
| nd | nt |

gia___

2
| nd | nt |

blo___

3
| nd | nt |

ha___

4
| nd | nt |

pai___

5
| nd | nt |

te___

6
| nd | nt |

diamo___

7
| nd | nt |

sta___

8
| nd | nt |

stude___

새로운 내용 공부해요

발음 영상
MP3

자음 n 뒤에 g 또는 k가 끝소리로 오면 어떤 소리가 나는지 확인해 볼까요?

-ng

ng로 끝나는 단어는 [응]하고 발음해요.

-nk

nk로 끝나는 단어는 [응ㅋ]하고 발음해요.

 단어를 듣고, 소리 내어 두 번씩 따라 말해 보세요.

sing

ring

hang

wing

bank

drink

pink

sink

Words
> sing 노래하다
> ring 반지
> hang 매달리다
> wing 날개
> bank 은행
> drink 마시다
> pink 분홍색
> sink 싱크대

B 빈칸에 알맞은 알파벳을 그림과 연결한 후 빈칸에 써 보세요.

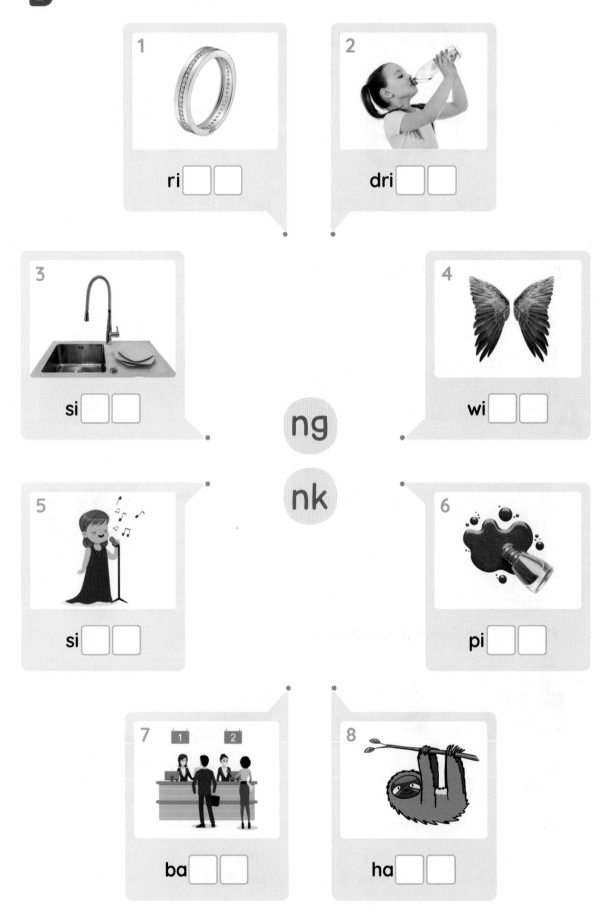

1 ri☐☐

2 dri☐☐

3 si☐☐

4 wi☐☐

ng

nk

5 si☐☐

6 pi☐☐

7 ba☐☐

8 ha☐☐

C 단어를 듣고, 첫 번째 그림과 끝소리가 같은 단어의 그림을 찾아 ◯ 표시를 해 보세요.

1

2

3

D 그림에 알맞은 단어를 완성한 후 소리 내어 읽어 보세요.

1 wi＿＿

2  si＿＿

3 ba＿＿

4 dri＿＿

A 빈칸에 알맞은 알파벳을 보기에서 골라 그림이 나타내는 단어를 완성해 보세요.

보기

| ng | nk | th | nd | nt | ph | wh |

1 ☐☐one

2 ☐☐eat

3 ☐☐umb

4 wea☐☐er

5 blo☐☐

6 ☐☐eel

7 stude☐☐

8 ☐☐is

9 ha☐☐

10 dri☐☐

11 gia☐☐

12 mon☐☐

위의 그림판을 모두 완성했나요? 단어의 알파벳에
유의하면서 소리 내어 단어를 읽어 보세요.

단어를 듣고, 단어에 포함된 알파벳을 찾아 ◯ 표시를 해 보세요.

wh   ph

th[θ]   th[ð]

nd   nt

 단어를 듣고, 끝소리가 같은 그림을 연결해 보세요.

1    2    3    4

5   6    7    8

D 그림에 알맞은 단어를 써서 표현을 완성해 보세요.

1 a song with

→ a song with

2 the   in the

→ the   in the

26 -st, -sk로 끝나는 단어

26 -st, -sk로 끝나는 단어

배운 내용 복습해요

그림을 보고, 알맞은 알파벳을 찾아 ○ 표시를 한 후 단어를 쓰면서 읽어 보세요.

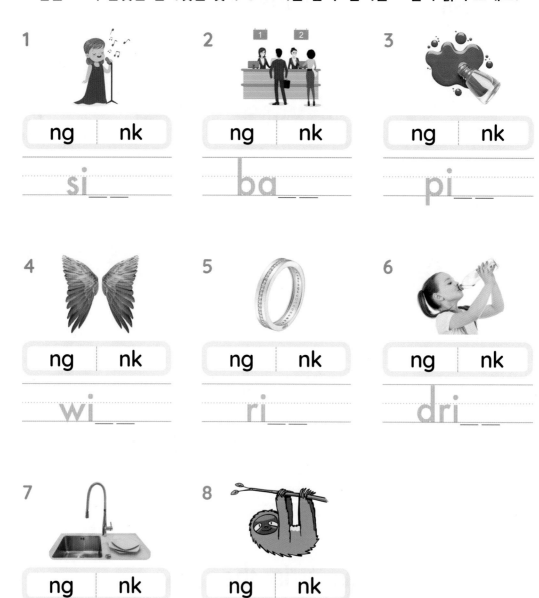

1. ng | nk si__
2. ng | nk ba__
3. ng | nk pi__
4. ng | nk wi__
5. ng | nk ri__
6. ng | nk dri__
7. ng | nk si__
8. ng | nk ha__

새로운 내용 공부해요

 자음 s 뒤에 t 또는 k가 끝소리로 오면 어떤 소리가 나는지 확인해 볼까요?

-st

st로 끝나는 단어는 [스트]하고 발음해요.
t는 앞의 s에 비해 약하게 발음해요.

-sk

sk로 끝나는 단어는 [스크]하고 발음해요.
k는 앞의 s에 비해 약하게 발음해요.

 단어를 듣고, 소리 내어 두 번씩 따라 말해 보세요.

ne**st**

breakfa**st**

piani**st**

fi**st**

de**sk**

ma**sk**

tu**sk**

whi**sk**

Words
- nest 둥지
- breakfast 아침 식사
- pianist 피아니스트
- fist 주먹
- desk 책상
- mask 가면
- tusk (코끼리의) 엄니
- whisk 거품기

B 빈칸에 알맞은 알파벳을 그림과 연결한 후 빈칸에 써 보세요.

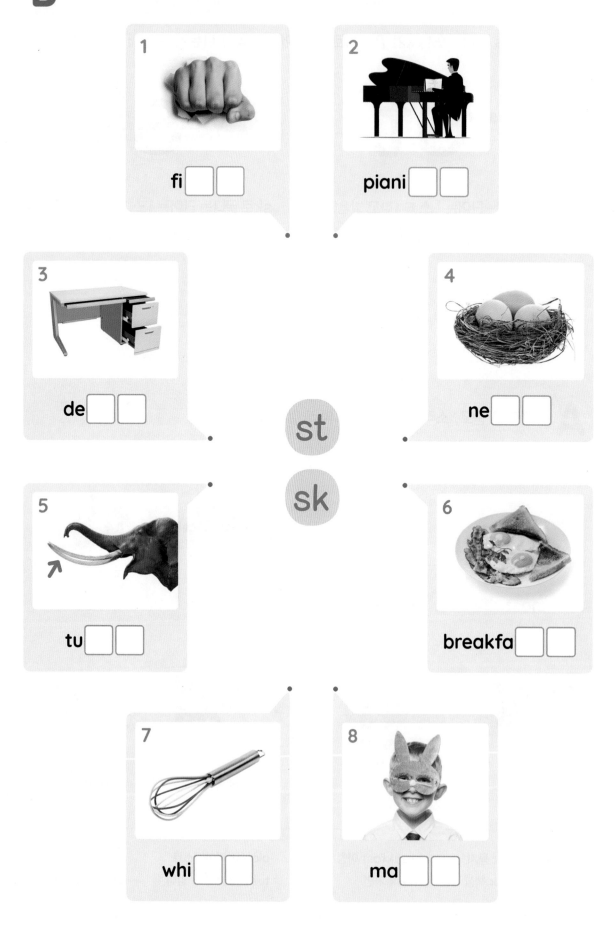

1 fi◻◻

2 piani◻◻

3 de◻◻

4 ne◻◻

st

sk

5 tu◻◻

6 breakfa◻◻

7 whi◻◻

8 ma◻◻

단어를 듣고, 첫 번째 그림과 끝소리가 같은 단어의 그림을 찾아 ◯ 표시를 해 보세요.

1

2

3

D 그림에 알맞은 단어를 완성한 후 소리 내어 읽어 보세요.

1
 tu___

2
 ne___

3
 fi___

4
 de___

27

-ck, -lk로 끝나는 단어

배운 내용 복습해요

그림을 보고, 알맞은 알파벳을 찾아 ○ 표시를 한 후 단어를 쓰면서 읽어 보세요.

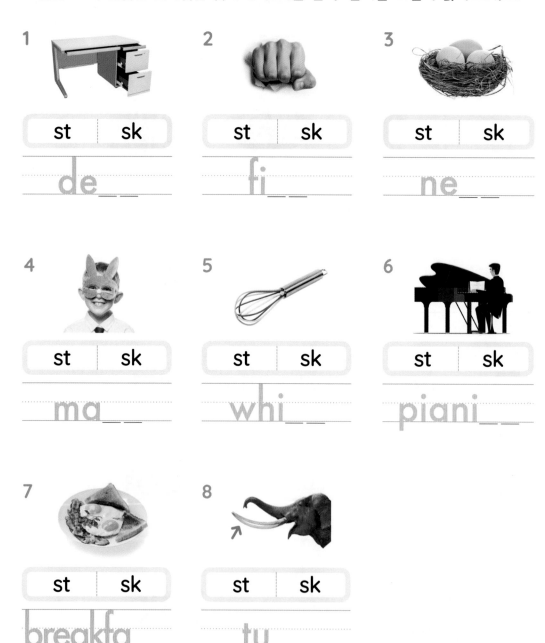

1

st	sk

de___

2

st	sk

fi___

3

st	sk

ne___

4

st	sk

ma___

5

st	sk

whi___

6

st	sk

piani___

7

st	sk

breakfa___

8

st	sk

tu___

 자음 c 또는 l 뒤에 k가 끝소리로 오면 어떤 소리가 나는지 확인해 볼까요?

-ck | -lk

ck로 끝나는 단어는 [ㅋ]하고 발음해요. | lk로 끝나는 단어는 [을ㅋ]하고 발음해요.

 단어를 듣고, 소리 내어 두 번씩 따라 말해 보세요.

chick

stick

backpack

peacock

milk

silk

elk

Hulk

Words
- chick 병아리
- stick 막대기
- backpack 배낭
- peacock 공작
- milk 우유
- silk 실크
- elk 엘크, 사슴
- Hulk 헐크

B 빈칸에 알맞은 알파벳을 그림과 연결한 후 빈칸에 써 보세요.

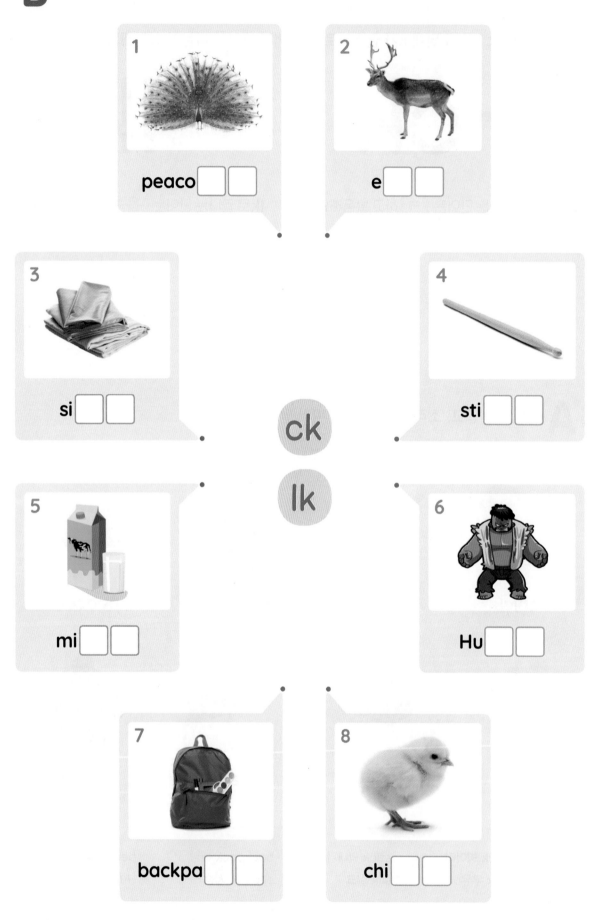

1 peaco▢▢

2 e▢▢

3 si▢▢

ck

lk

4 sti▢▢

5 mi▢▢

6 Hu▢▢

7 backpa▢▢

8 chi▢▢

C 단어를 듣고, 알맞은 그림에 O 표시를 해 보세요.

1

2

3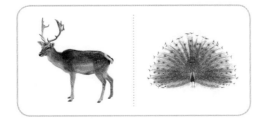

4

D 그림에 알맞은 단어를 완성한 후 소리 내어 읽어 보세요.

1 backpa___

2 si___

3 mi___

4 peaco___

 28

이중모음 ai, ay

배운 내용 복습해요

그림을 보고, 알맞은 알파벳을 찾아 ◯ 표시를 한 후 단어를 쓰면서 읽어 보세요.

1

| ck | lk |

si___

2

| ck | lk |

chi___

3

| ck | lk |

sti___

4

| ck | lk |

e___

5

| ck | lk |

mi___

6

| ck | lk |

peaco___

7

| ck | lk |

backpa___

8

| ck | lk |

Hu___

새로운 내용 공부해요

 모음 a 뒤에 i 또는 y가 오면 어떤 소리가 나는지 확인해 볼까요?

ai는 [에이-]하고 발음해요. 알파벳 **a**의 이름대로 길게 발음하고 **i**는 따로 발음하지 않아요.

ay는 ai와 같은 소리로 [에이-]하고 발음 해요.

 A 단어를 듣고, 소리 내어 두 번씩 따라 말해 보세요.

s**ai**l

r**ai**l

tr**ai**n

ch**ai**n

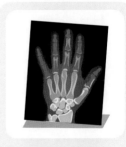

X-r**ay**

tr**ay**

rel**ay**

cl**ay**

Words ▶ sail 항해하다 ▶ rail (철도의) 레일 ▶ train 기차 ▶ chain 사슬
▶ X-ray 엑스선 ▶ tray 쟁반 ▶ relay 이어달리기 ▶ clay 점토, 찰흙

B 빈칸에 알맞은 알파벳을 그림과 연결한 후 빈칸에 써 보세요.

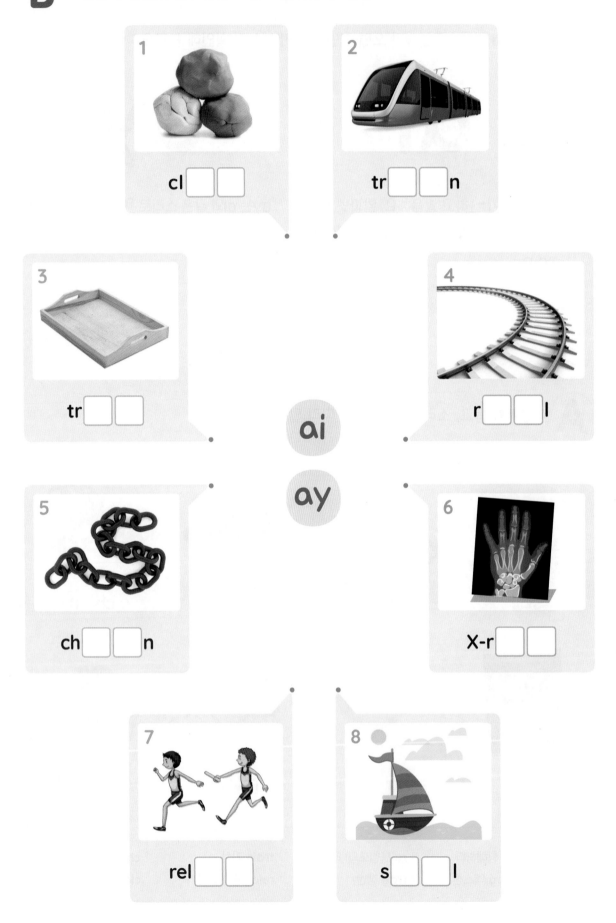

1 cl ☐ ☐

2 tr ☐ ☐ n

3 tr ☐ ☐

4 r ☐ ☐ l

ai

ay

5 ch ☐ ☐ n

6 X-r ☐ ☐

7 rel ☐ ☐

8 s ☐ ☐ l

Listen & Choose

C 단어를 듣고, 빈칸에 알맞은 알파벳이 포함된 단어의 그림을 찾아 ○ 표시를 해 보세요.

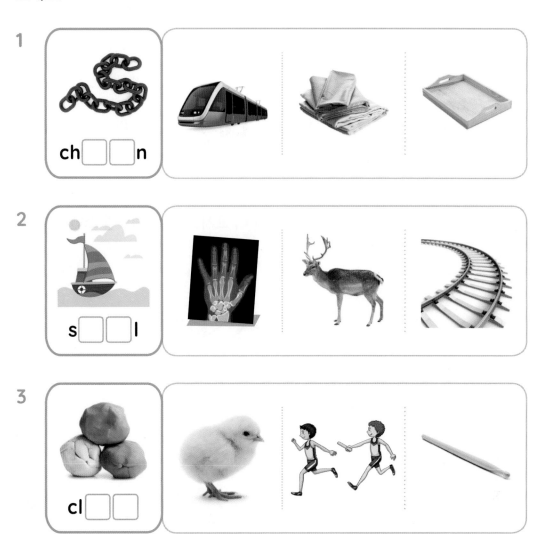

1 ch◻◻n

2 s◻◻l

3 cl◻◻

Write & Speak

D 그림에 알맞은 단어를 완성한 후 소리 내어 읽어 보세요.

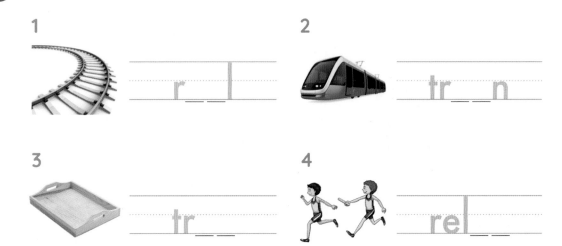

1 r___l

2 tr__n

3 tr___

4 rel___

29 이중모음 ea, ey

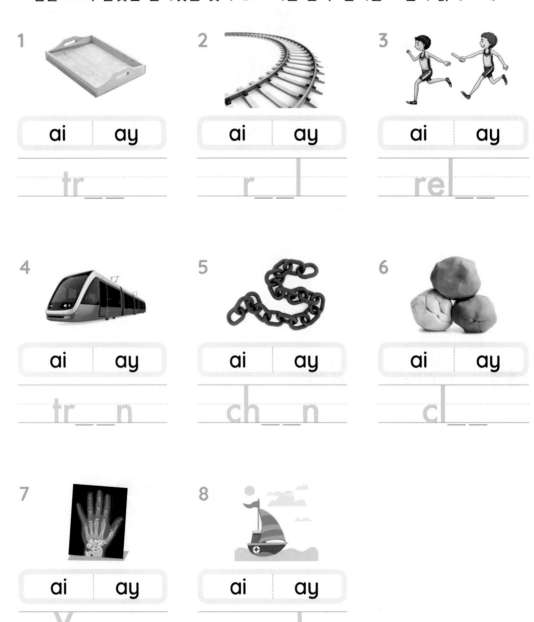

배운 내용 복습해요

그림을 보고, 알맞은 알파벳을 찾아 ○ 표시를 한 후 단어를 쓰면서 읽어 보세요.

1 | ai | ay
tr___

2 | ai | ay
r___

3 | ai | ay
rel___

4 | ai | ay
tr__n

5 | ai | ay
ch__n

6 | ai | ay
cl___

7 | ai | ay
X-r___

8 | ai | ay
s__l

새로운 내용 공부해요

 모음 e 뒤에 a 또는 y가 오면 어떤 소리가 나는지 확인해 볼까요?

ea는 [이-]하고 발음해요. 알파벳 e의 이름대로 길게 발음하고, **a**는 따로 발음하지 않아요.

ey는 **ea**와 같은 소리이지만 다소 짧게 [이]하고 발음해요. **ey**는 대체로 단어 끝에 쓰여요.

 단어를 듣고, 소리 내어 두 번씩 따라 말해 보세요.

eat

leaf

sea

tea

money

honey

hockey

chimney

Words
- eat 먹다
- leaf 잎
- sea 바다
- tea 차
- money 돈
- honey 꿀
- hockey 하키
- chimney 굴뚝

113

B 빈칸에 알맞은 알파벳을 그림과 연결한 후 빈칸에 써 보세요.

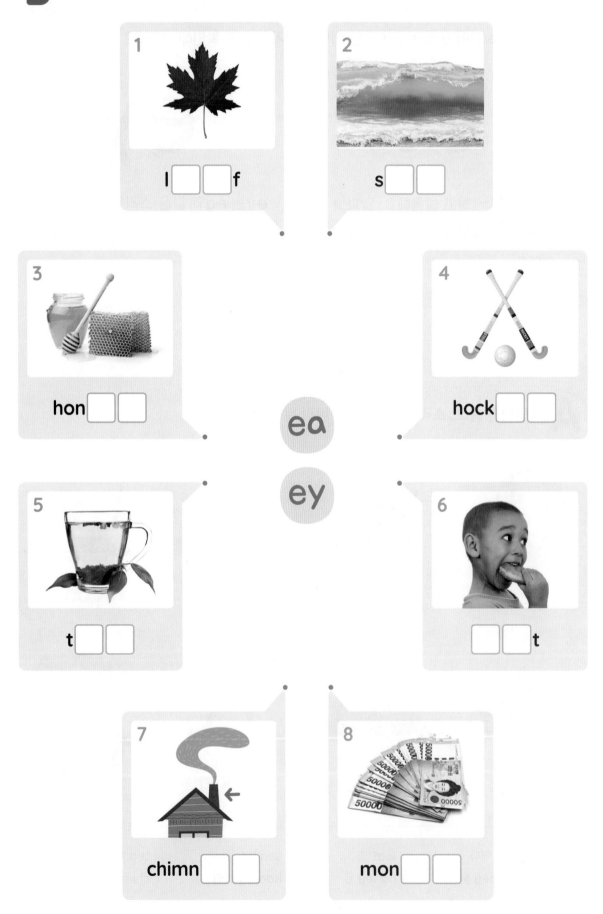

1 l☐☐f

2 s☐☐

3 hon☐☐

4 hock☐☐

ea

ey

5 t☐☐

6 ☐☐t

7 chimn☐☐

8 mon☐☐

정답 34쪽

Listen & Choose

C 단어를 듣고, 빈칸에 알맞은 알파벳이 포함된 단어의 그림을 찾아 ○ 표시를 해 보세요.

1

l ☐ ☐ f

2

mon ☐ ☐

3

t ☐ ☐

Write & Speak

D 그림에 알맞은 단어를 완성한 후 소리 내어 읽어 보세요.

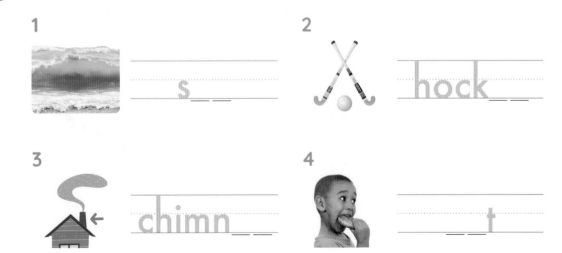

1   s _ _

2   hock _ _

3   chimn _ _

4   _ _ t _

Review | 26 - 29 |

A 빈칸에 알맞은 알파벳을 보기에서 골라 그림이 나타내는 단어를 완성해 보세요.

보기

| st | sk | ck | lk | ai | ay | ea | ey |

1
fi ☐☐

2
rel ☐☐

3
tu ☐☐

4
si ☐☐

5
tr ☐☐ n

6
peaco ☐☐

7
s ☐☐ l

8
chimn ☐☐

9
mi ☐☐

10
s ☐☐

11
chi ☐☐

12
r ☐☐ l

위의 그림판을 모두 완성했나요? 단어의 끝소리 또는
모음 소리에 유의하면서 소리 내어 단어를 읽어 보세요.

B 단어를 듣고, 끝소리에 알맞은 알파벳을 찾아 ○ 표시를 해 보세요.

1

st   sk

2

ck   lk

3

ea   ey

C 단어를 듣고, 끝소리가 같은 그림을 연결해 보세요.

1

2

3

4

• • • •

• • • •

5

6

7

8

D 그림에 알맞은 단어를 써서 표현을 완성해 보세요.

1 the on the

→ the _____ on the _____

2 on the

→ _____ on the _____

이중모음 oa, ow

배운 내용 복습해요

그림을 보고, 알맞은 알파벳을 찾아 ◯ 표시를 한 후 단어를 쓰면서 읽어 보세요.

1
| ea | ey |

hock__

2
| ea | ey |

s__

3
| ea | ey |

__t

4
| ea | ey |

chimn__

5
| ea | ey |

mon__

6
| ea | ey |

l__f

7
| ea | ey |

t__

8
| ea | ey |

hon__

118

발음 영상
MP3

 모음 o 뒤에 a 또는 w가 오면 어떤 소리가 나는지 확인해 볼까요?

oa

oa는 [오우]하고 발음해요. 알파벳 o의 이름대로 길게 발음하고 a는 따로 발음하지 않아요.

ow

ow는 oa와 같은 소리로 [오우]하고 발음해요.

 단어를 듣고, 소리 내어 두 번씩 따라 말해 보세요.

goal

coach

coat

float

bowl

window

pillow

sorrow

Words
- goal 골
- coach 코치
- coat 코트
- float 뜨다
- bowl 그릇
- window 창문
- pillow 베개
- sorrow 슬픔

B 빈칸에 알맞은 알파벳을 그림과 연결한 후 빈칸에 써 보세요.

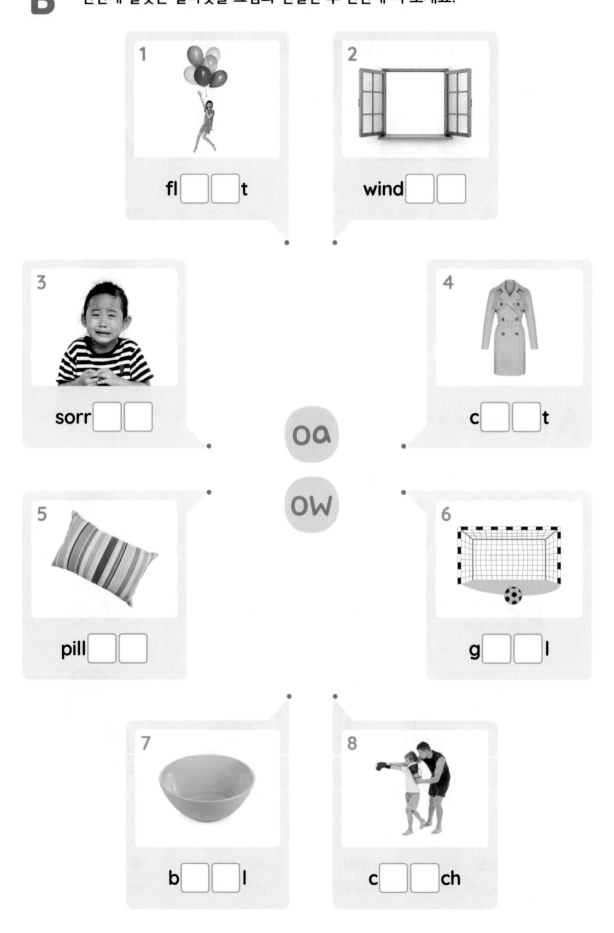

1 fl[ ][ ]t

2 wind[ ][ ]

3 sorr[ ][ ]

oa

ow

4 c[ ][ ]t

5 pill[ ][ ]

6 g[ ][ ]l

7 b[ ][ ]l

8 c[ ][ ]ch

C 단어를 듣고, 빈칸에 알맞은 알파벳이 포함된 단어의 그림을 찾아 ○ 표시를 해 보세요.

1 c☐☐ch

2 c☐☐t

3 pill☐☐

D 그림에 알맞은 단어를 완성한 후 소리 내어 읽어 보세요.

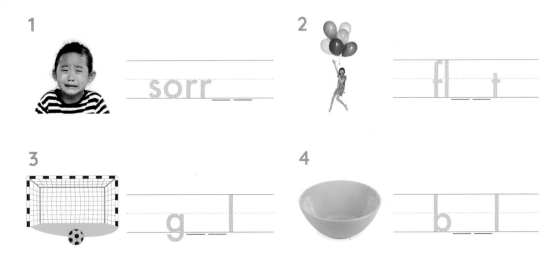

1 sorr___

2 fl_ _t

3 g_ _l

4 b_ _l

32
이중모음 oi, oy

배운 내용 복습해요

그림을 보고, 알맞은 알파벳을 찾아 ○ 표시를 한 후 단어를 쓰면서 읽어 보세요.

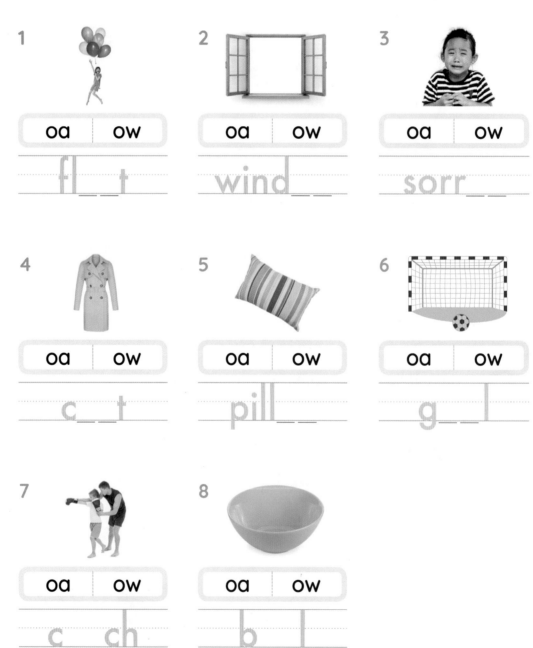

1
| oa | ow |

fl__t

2
| oa | ow |

wind__

3
| oa | ow |

sorr__

4
| oa | ow |

c__t

5
| oa | ow |

pill__

6
| oa | ow |

g__l

7
| oa | ow |

c__ch

8
| oa | ow |

b__l

새로운 내용 공부해요

 모음 o 뒤에 i 또는 y가 오면 어떤 소리가 나는지 확인해 볼까요?

oi

oi는 [오이]하고 발음해요. o는 우리말의 [오]보다 입안의 공간이 약간 더 큰 느낌으로 소리를 내요.

oy

oy는 oi와 같은 소리로 [오이]하고 발음해요. oy는 대체로 단어 끝에 쓰여요.

 단어를 듣고, 소리 내어 두 번씩 따라 말해 보세요.

oil

boil

coin

foil

boy

toy

joy

soy

Words
> oil 기름　　> boil 끓다　　> coin 동전　　> foil 은박
> boy 남자아이　> toy 장난감　> joy 기쁨　　> soy 콩

123

B 빈칸에 알맞은 알파벳을 그림과 연결한 후 빈칸에 써 보세요.

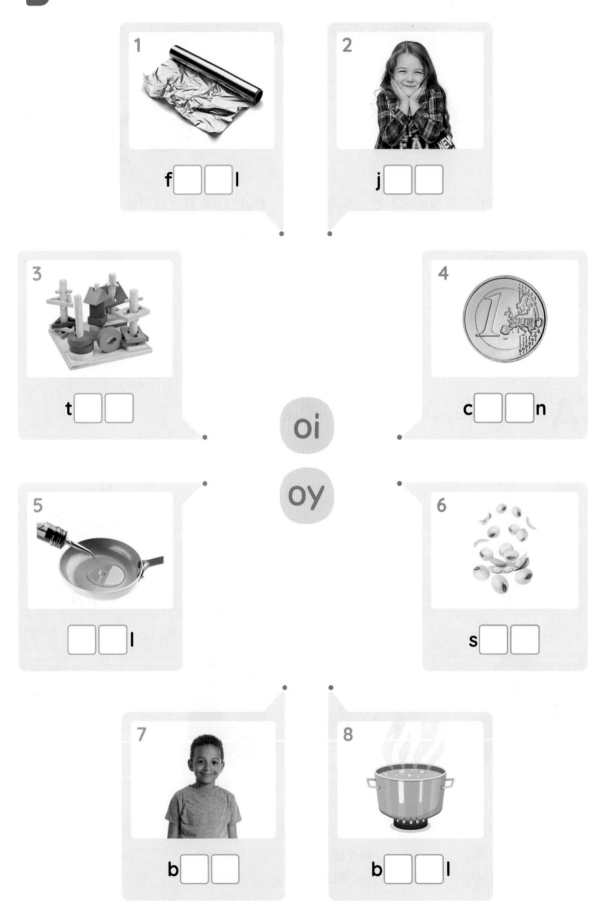

1 f☐☐l

2 j☐☐

3 t☐☐

4 c☐☐n

oi

oy

5 ☐☐l

6 s☐☐

7 b☐☐

8 b☐☐l

Listen & Choose

단어를 듣고, 첫 번째 그림과 끝소리가 같은 단어의 그림을 찾아 ○ 표시를 해 보세요.

1

2

3

Write & Speak

D 그림에 알맞은 단어를 완성한 후 소리 내어 읽어 보세요.

1

  s＿＿

2

 f＿l

3

  b＿＿

4

  c＿n

33

이중모음 OO

(**배운 내용** 복습해요)

그림을 보고, 알맞은 알파벳을 찾아 ◯ 표시를 한 후 단어를 쓰면서 읽어 보세요.

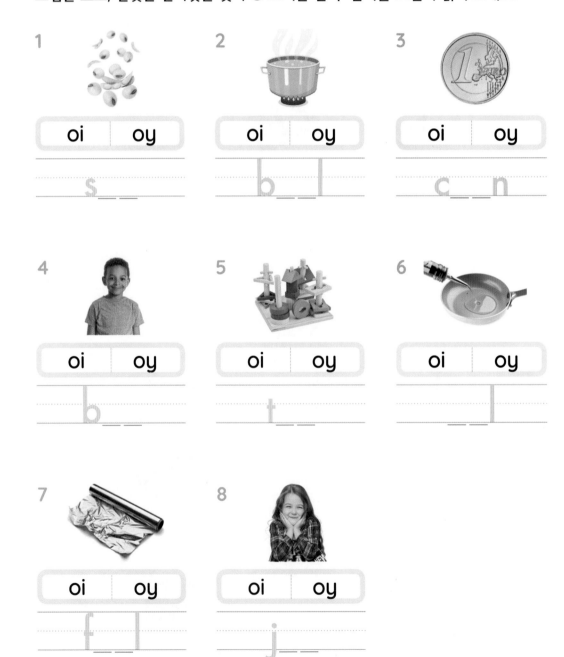

1

oi	oy

s _ _

2

oi	oy

b _ _ _

3

oi	oy

c _ _ n

4

oi	oy

b _ _

5

oi	oy

t _ _

6

oi	oy

_ _ _

7

oi	oy

f _ _ _

8

oi	oy

j _ _

새로운 내용 공부해요

 모음 oo의 두 가지 소리가 어떻게 다른지 확인해 볼까요?

oo [ʊ]

oo의 첫 번째 소리는 [우]와 [으]의 중간에 가까운 소리로 짧게 발음하고 기호로는 [ʊ]로 표시해요.

oo [uː]

oo의 두 번째 소리는 [우]에 가까운 소리로 길게 발음하고 기호로는 [uː]로 표시해요.

 단어를 듣고, 소리 내어 두 번씩 따라 말해 보세요.

cook

foot

wood

hook

moon

balloon

roof

boot

Words
> cook 요리사
> foot 발
> wood 나무, 목재
> hook (갈)고리
> moon 달
> balloon 풍선
> roof 지붕
> boot 장화

B 그림을 보고, 빈칸에 알맞은 알파벳의 발음이 같은 것끼리 단어를 써 보세요.

f◻◻t

b◻◻t

r◻◻f

w◻◻d

c◻◻k

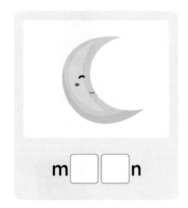

m◻◻n

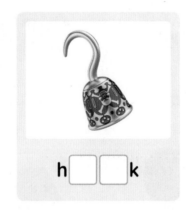

h◻◻k

ball◻◻n

1 짧게 oo   foot, _____, _____, _____

2 길게 oo   _____, _____, _____, _____

단어를 듣고, 주어진 모음 소리가 포함된 단어의 그림을 찾아 ○ 표시를 해 보세요.

1 짧게 ○○

2 짧게 ○○

3 길게 ○○

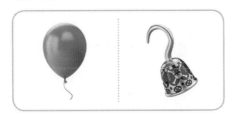

4 길게 ○○

D 그림에 알맞은 단어를 완성한 후 소리 내어 읽어 보세요.

1

  ball__n

2

 w__d

3

  h__k

4

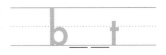 b__t

34

이중모음 OU, OW

배운 내용 복습해요

그림을 보고, 알맞은 소리를 찾아 ◯ 표시를 한 후 단어를 쓰면서 읽어 보세요.

1
oo [ʊ]　oo [uː]
h _ _ k

2
oo [ʊ]　oo [uː]
f _ _ t

3
oo [ʊ]　oo [uː]
r _ _ f

4
oo [ʊ]　oo [uː]
c _ _ k

5
oo [ʊ]　oo [uː]
w _ _ d

6
oo [ʊ]　oo [uː]
ball _ _ n

7
oo [ʊ]　oo [uː]
m _ _ n

8
oo [ʊ]　oo [uː]
b _ _ t

 모음 o 뒤에 u 또는 w가 오면 어떤 소리가 나는지 확인해 볼까요?

ou

ou는 단모음 o[아]와 단모음 u[우]를 이어 발음하여 [아우]하고 발음해요.

ow

ow는 ou와 같은 소리로 [아우]하고 발음해요. 앞에서 배웠던 대로 ow가 [오우]로 발음되는 경우도 있으므로 유의하세요.

 단어를 듣고, 소리 내어 두 번씩 따라 말해 보세요.

cloud

mouth

sour

pouch

cow

towel

owl

crown

Words
- cloud 구름
- mouth 입
- sour (맛이) 신, 시큼한
- pouch 작은 주머니
- cow 젖소
- towel 수건
- owl 부엉이
- crown 왕관

B

빈칸에 알맞은 알파벳을 그림과 연결한 후 빈칸에 써 보세요.

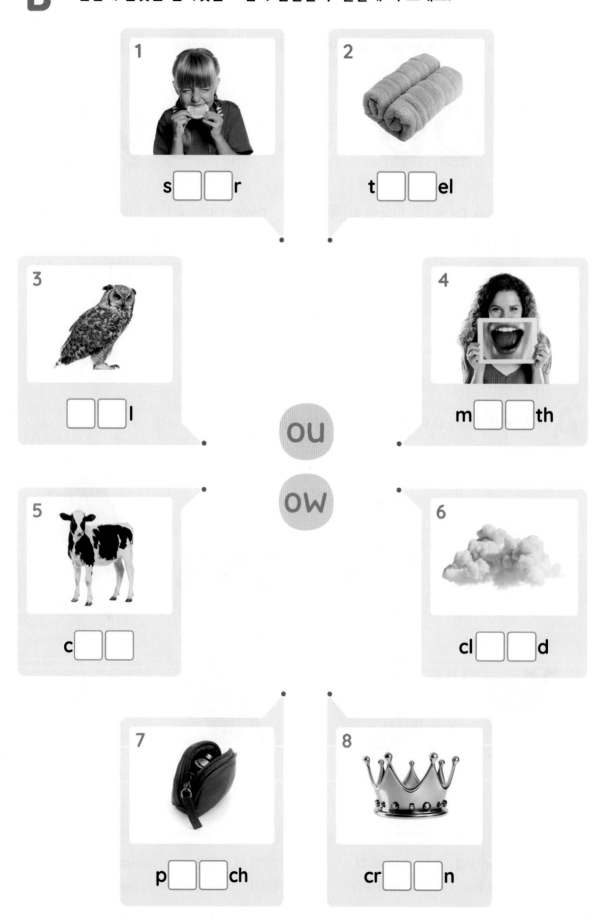

1 s□□r

2 t□□el

3 □□l

4 m□□th

ou

ow

5 c□□

6 cl□□d

7 p□□ch

8 cr□□n

단어를 듣고, 빈칸에 알맞은 알파벳이 포함된 단어의 그림을 찾아 ○ 표시를 해
보세요.

1

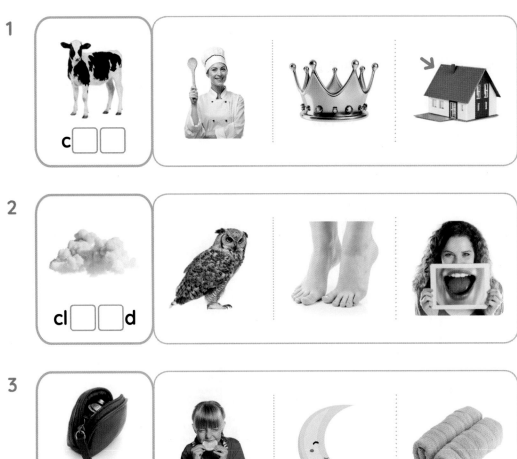

c

2

cl d

3

p ch

D 그림에 알맞은 단어를 완성한 후 소리 내어 읽어 보세요.

1 cr_ _n

2 m_ _th

3

4 s_ _r

A 빈칸에 알맞은 알파벳을 보기에서 골라 그림이 나타내는 단어를 완성해 보세요.

보기
| oa | ow | oi | oy | oo | ou |

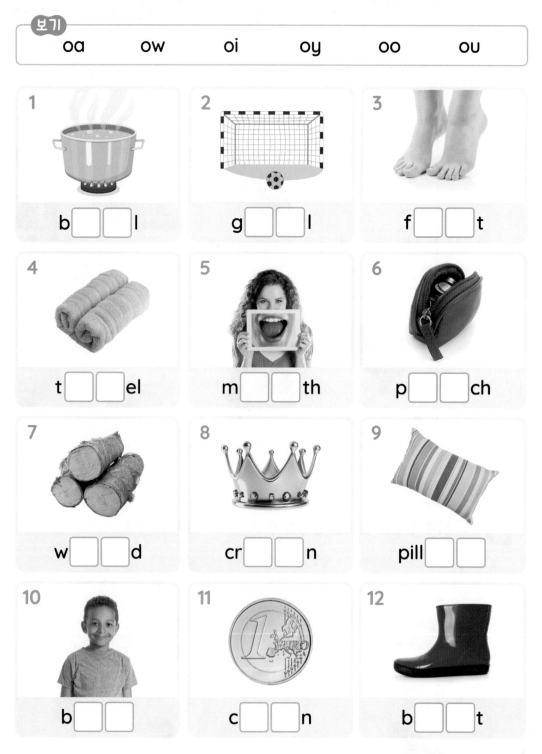

1 b⬜⬜l

2 g⬜⬜l

3 f⬜⬜t

4 t⬜⬜el

5 m⬜⬜th

6 p⬜⬜ch

7 w⬜⬜d

8 cr⬜⬜n

9 pill⬜⬜

10 b⬜⬜

11 c⬜⬜n

12 b⬜⬜t

위의 그림판을 모두 완성했나요? 단어의 모음 소리에
유의하면서 소리 내어 단어를 읽어 보세요.

B 단어를 듣고, 단어에 포함된 알파벳을 찾아 ○ 표시를 해 보세요.

1
ow   oy

2
oi   oa

3
ou   ow

C 단어를 듣고, 끝소리가 같은 그림을 연결해 보세요.

1

2

3

4

5

6

7

8

D 그림에 알맞은 단어를 써서 표현을 완성해 보세요.

1 the in the

→ the _____ in the _____

2 the on the

→ the _____ on the _____

 r로 끝나는 모음 ar, or

배운 내용 복습해요

그림을 보고, 알맞은 알파벳을 찾아 ◯ 표시를 한 후 단어를 쓰면서 읽어 보세요.

1

| OU | OW |

t__el

2

| OU | OW |

p___ch

3

| OU | OW |

m___th

4

| OU | OW |

c___

5

| OU | OW |

cr__n

6

| OU | OW |

cl__d

7

| OU | OW |

8

| OU | OW |

s__r

 모음 a 또는 o 다음에 r이 오면 어떤 소리가 나는지 확인해 볼까요?

ar

ar은 [아알]에 가까운 소리로 발음해요.
[아] 발음을 한 후 혀를 둥글게 하여 [r]을
이어 발음하면서 소리를 내요.

or

or은 [오얼]에 가까운 소리로 발음해요.
[오] 발음을 한 후 혀를 둥글게 하여 [r]을
이어 발음하면서 소리를 내요.

 단어를 듣고, 소리 내어 두 번씩 따라 말해 보세요.

cart

farm

shark

star

corn

store

torch

thorn

Words ‣ cart 수레 ‣ farm 농장 ‣ shark 상어 ‣ star 별
‣ corn 옥수수 ‣ store 상점 ‣ torch 햇불 ‣ thorn 가시

B 빈칸에 알맞은 알파벳을 그림과 연결한 후 빈칸에 써 보세요.

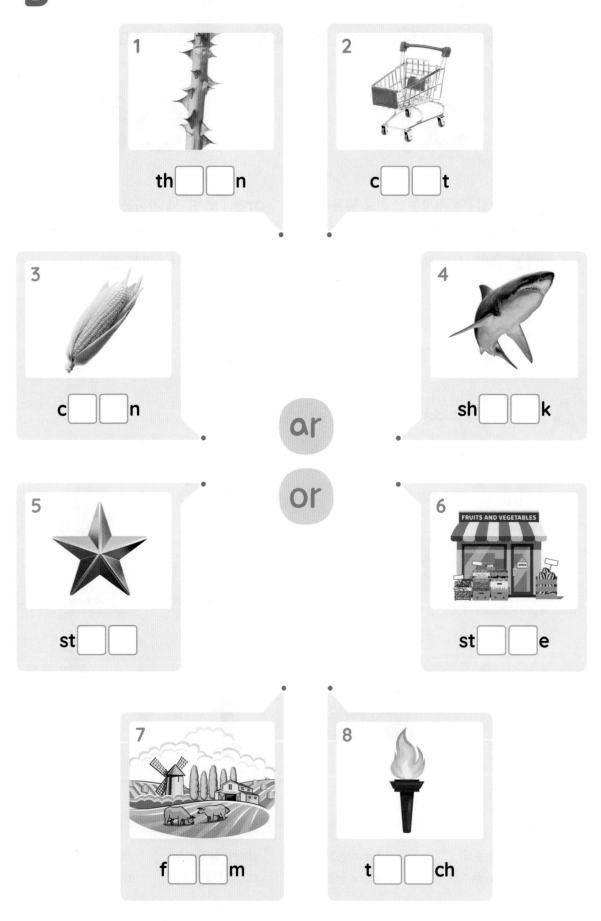

1 th☐☐n

2 c☐☐t

3 c☐☐n

4 sh☐☐k

ar

or

5 st☐☐

6 st☐☐e

7 f☐☐m

8 t☐☐ch

C 단어를 듣고, 빈칸에 알맞은 알파벳이 포함된 단어의 그림을 찾아 ○ 표시를 해 보세요.

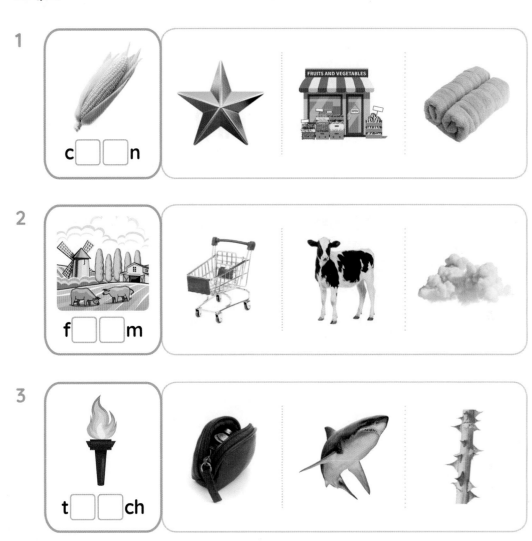

1 c□□n

2 f□□m

3 t□□ch

D 그림에 알맞은 단어를 완성한 후 소리 내어 읽어 보세요.

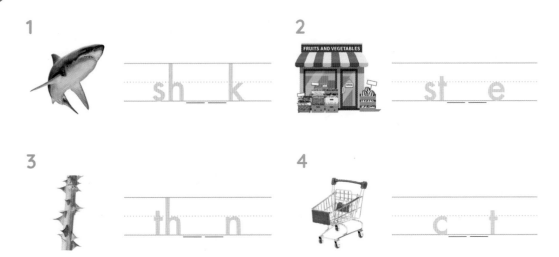

1 sh_k

2 st__e

3 th__n

4 c__t

139

37

r로 끝나는 모음 er, ir, ur

배운 내용 복습해요

그림을 보고, 알맞은 알파벳을 찾아 ○ 표시를 한 후 단어를 쓰면서 읽어 보세요.

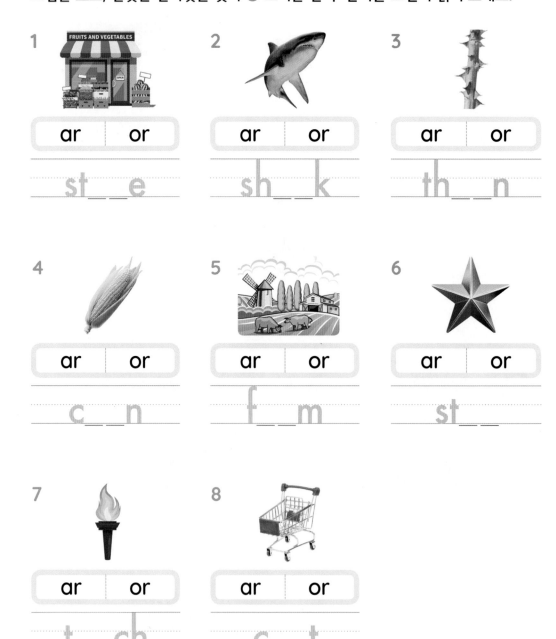

1
| ar | or |

st__e

2
| ar | or |

sh__k

3
| ar | or |

th__n

4
| ar | or |

c__n

5
| ar | or |

f__m

6
| ar | or |

st__

7
| ar | or |

t__ch

8
| ar | or |

c__t

발음 영상
MP3

 모음 e, i, u 다음에 r이 오면 어떤 소리가 나는지 확인해 볼까요?

er ｜ ir ｜ ur

er, ir, ur은 모두 [어얼]에 가까운 소리로 발음해요. [어] 발음을 한 후 혀를 둥글게 하여 [r]을 이어 발음하면서 소리를 내요.

A 단어를 듣고, 소리 내어 두 번씩 따라 말해 보세요.

tower

number

silver

shirt

circus

birthday

turtle

surfing

curtain

Words ▶ tower 탑 ▶ number 숫자 ▶ silver 은 ▶ shirt 셔츠 ▶ circus 서커스 ▶ birthday 생일 ▶ turtle 거북 ▶ surfing 파도타기 ▶ curtain 커튼

B 빈칸에 알맞은 알파벳을 그림과 연결한 후 빈칸에 써 보세요.

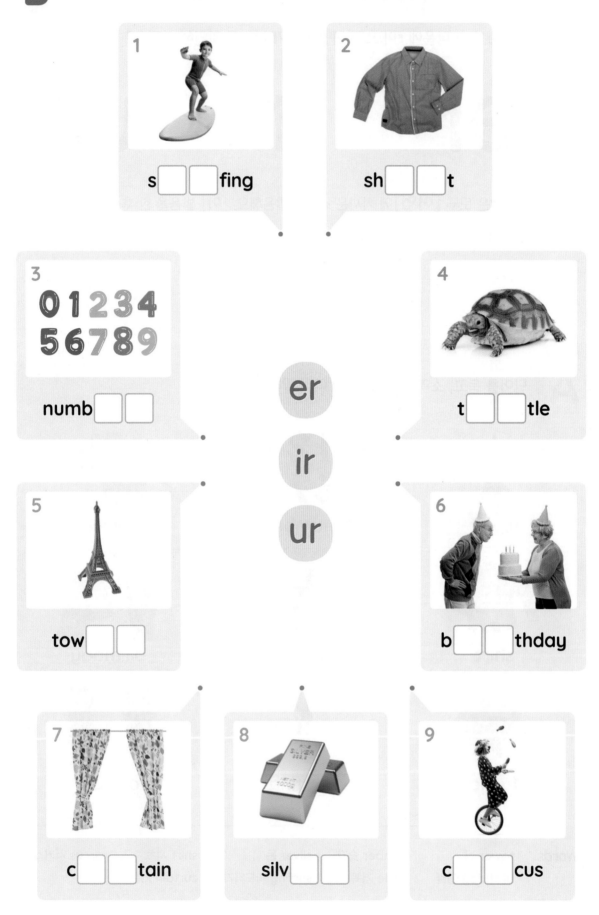

1 s☐☐fing

2 sh☐☐t

3 numb☐☐

er

ir

ur

4 t☐☐tle

5 tow☐☐

6 b☐☐thday

7 c☐☐tain

8 silv☐☐

9 c☐☐cus

Listen & Choose

단어를 듣고, 빈칸에 알맞은 알파벳이 포함된 단어의 그림을 찾아 ○ 표시를 해 보세요.

1

t□□tle

2

sh□□t

3

tow□□

Write & Speak

D 그림에 알맞은 단어를 완성한 후 소리 내어 읽어 보세요.

1 numb___

2 c__tain

3 b__thday

4 s__fing

143

₃₈ 소리 나지 않는 b, k, l

《 배운 내용 복습해요 》

그림을 보고, 알맞은 알파벳을 찾아 ○ 표시를 한 후 단어를 쓰면서 읽어 보세요.

1

| er | ur |

t__tle

2

| ir | er |

numb__

3

| er | ir |

tow__

4

| ur | ir |

sh__t

5

| er | ir |

b__thday

6

| ur | er |

s__fing

7

| ur | er |

c__tain

8

| ir | ur |

c__cus

9

| er | ir |

silv__

새로운 내용 공부해요

🎥 단어에는 포함되지만 발음되지 않는 알파벳으로는 무엇이 있는지 확인해 볼까요?

m + b → m✗	k + n → ✗n	l + k → ✗k
-mb로 끝나는 단어는 b를 따로 발음하지않고 m[음]만 발음해요.	kn-으로 시작하는 단어는 k를 따로 발음하지 않고 n[ㄴ]만 발음해요.	-lk로 끝나는 단어들 중 일부는 l을 따로 발음하지 않고 k[ㅋ]만 발음해요.

 단어를 듣고, 소리 내어 두 번씩 따라 말해 보세요.

comb

bomb

climb

knife

knock

knee

walk

chalk

talk

Words ▸ comb 빗 ▸ bomb 폭탄 ▸ climb 오르다 ▸ knife 칼 ▸ knock 노크
▸ knee 무릎 ▸ walk 걷다 ▸ chalk 분필 ▸ talk 말하다

B 빈칸에 알맞은 알파벳을 그림과 연결한 후 빈칸에 써 보세요.

1 cha☐☐

2 co☐☐

3 ☐☐ock

4 ta☐☐

mb

lk

kn

5 cli☐☐

6 ☐☐ee

7 wa☐☐

8 bo☐☐

9 ☐☐ife

단어를 듣고, 빈칸에 알맞은 알파벳이 포함된 단어의 그림을 찾아 ○ 표시를 해 보세요.

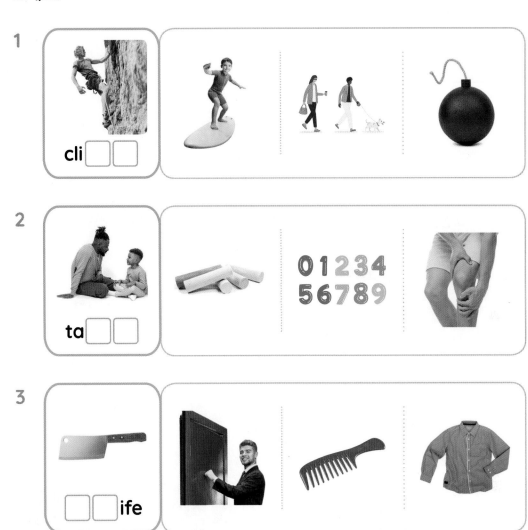

1 cli☐☐

2 ta☐☐

3 ☐☐ife

D 그림에 알맞은 단어를 완성한 후 소리 내어 읽어 보세요.

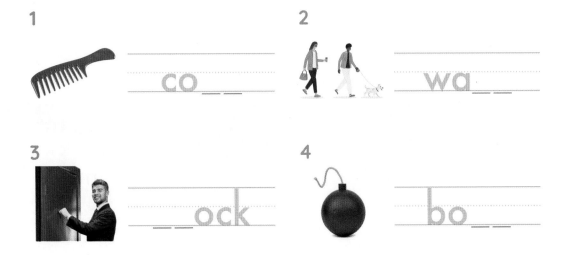

1 co___

2 wa___

3 ___ock

4 bo___

39

소리 나지 않는 w, c, gh

배운 내용 복습해요

그림을 보고, 알맞은 알파벳을 찾아 ◯ 표시를 한 후 단어를 쓰면서 읽어 보세요.

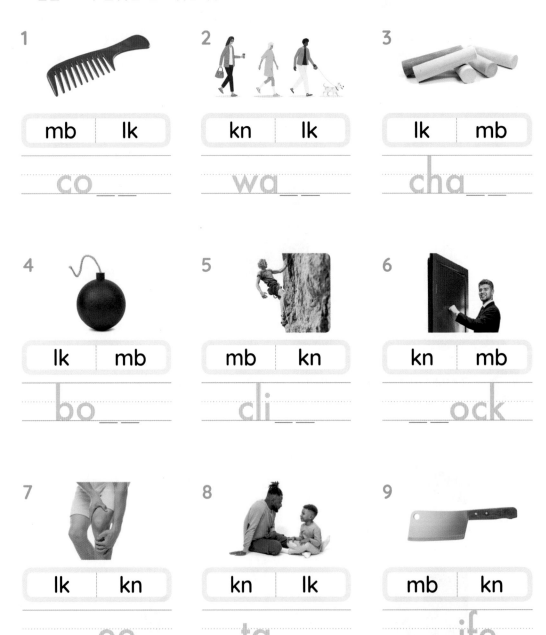

1		2		3	
mb	lk	kn	lk	lk	mb

co___   wa___   cha___

4		5		6	
lk	mb	mb	kn	kn	mb

bo___   cli___   ___ock

7		8		9	
lk	kn	kn	lk	mb	kn

___ee   ta___   ___ife

새로운 내용 공부해요

단어에는 포함되지만 발음되지 않는 알파벳으로는 무엇이 있는지 확인해 볼까요?

w + r → ⨉r	s + c → s⨉	단어 중간에 오는 gh ✕
wr-로 시작하는 단어는 w를 따로 발음하지 않고 r[ㄹ]만 발음해요.	sc가 함께 쓰인 단어들 중 일부는 c를 따로 발음하지 않고 s[ㅅ]만 발음해요.	gh가 함께 쓰인 단어들 중 일부는 gh를 따로 발음하지 않아요.

 A 단어를 듣고, 소리 내어 두 번씩 따라 말해 보세요.

write

wrist

wrap

science

scissors

muscle

weight

neighbor

fight

Words ▸ write 쓰다 ▸ wrist 손목 ▸ wrap 포장하다 ▸ science 과학 ▸ scissors 가위
▸ muscle 근육 ▸ weight 체중 ▸ neighbor 이웃 ▸ fight 싸움

B

빈칸에 알맞은 알파벳을 그림과 연결한 후 빈칸에 써 보세요.

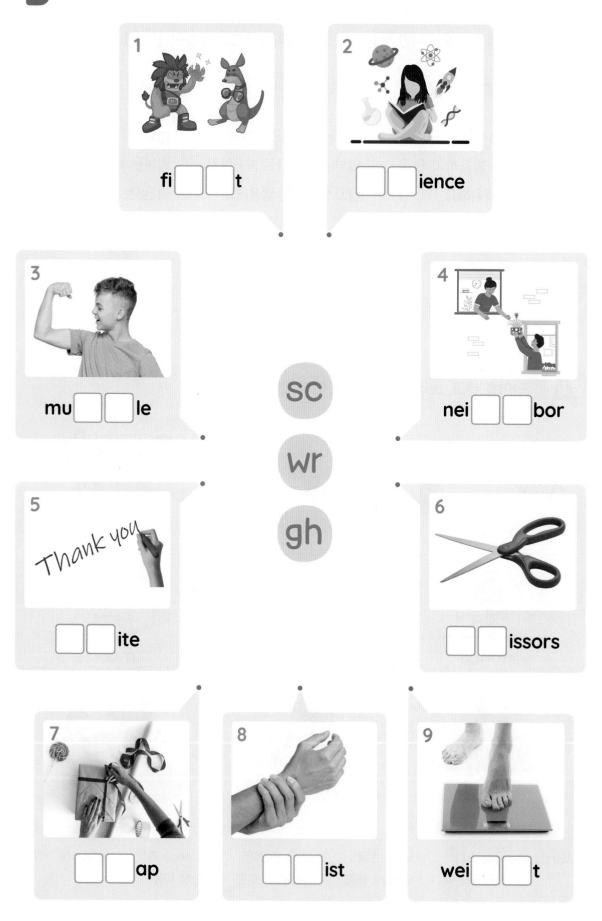

1 fi ☐ ☐ t

2 ☐ ☐ ience

3 mu ☐ ☐ le

4 nei ☐ ☐ bor

sc

wr

gh

5 ☐ ☐ ite

6 ☐ ☐ issors

7 ☐ ☐ ap

8 ☐ ☐ ist

9 wei ☐ ☐ t

단어를 듣고, 빈칸에 알맞은 알파벳이 포함된 단어의 그림을 찾아 ◯ 표시를 해 보세요.

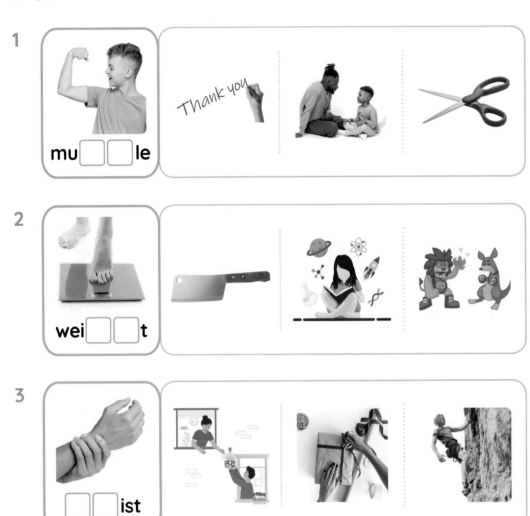

1

mu☐☐le

2

wei☐☐t

3

☐☐ist

D 그림에 알맞은 단어를 완성한 후 소리 내어 읽어 보세요.

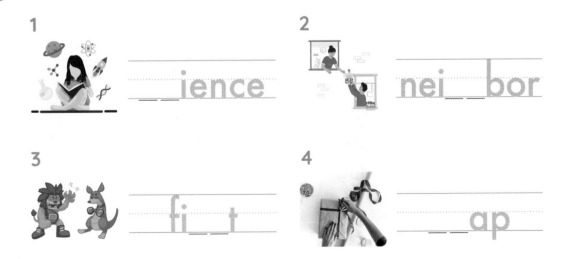

1   __ __ience

2   nei__ __bor

3   fi__ __t

4   __ __ap

Review |36-39|

A 빈칸에 알맞은 알파벳을 보기에서 골라 그림이 나타내는 단어를 완성해 보세요.

보기
ar	or	er	ir	ur

1 numb☐☐

2 st☐☐e

3 sh☐☐t

4 sh☐☐k

5 c☐☐tain

6 s☐☐fing

7 f☐☐m

8 t☐☐ch

9 t☐☐tle

10 b☐☐thday

11 silv☐☐

12 th☐☐n

위의 그림판을 모두 완성했나요? 단어의 r로 끝나는 모음
소리에 유의하면서 소리 내어 단어를 읽어 보세요.

B 단어를 듣고, 소리가 나지 않는 알파벳을 찾아 ○ 표시를 해 보세요.

1	2	3
wrist	knock	scissors

C 단어를 듣고, 빈칸에 알맞은 알파벳이 같은 그림을 연결해 보세요.

1 wei⬜⬜t

2 ⬜⬜ee

3 ta⬜⬜

4 co⬜⬜

5 cha⬜⬜

6 bo⬜⬜

7 ⬜⬜ife

8 fi⬜⬜t

D 그림에 알맞은 단어를 써서 표현을 완성해 보세요.

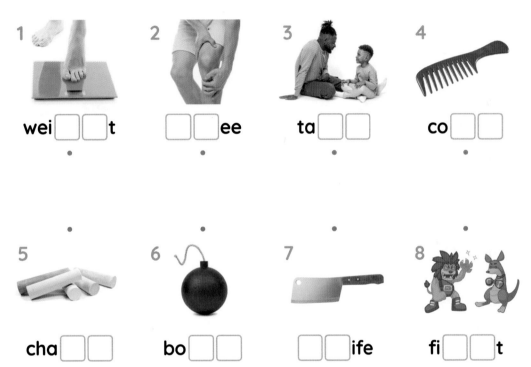

1 the 🌾 in the 🛒

→ the _____ in the _____

2 🚶🚶🚶 to the 🚲

→ _____ to the _____

153

실력 Test

A 첫 알파벳 소리가 같은 단어의 그림을 연결해 보세요.

1     2

3     4

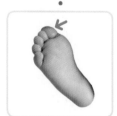     

B 알맞은 알파벳에 ○ 표시를 하여 그림이 나타내는 단어를 완성해 보세요.

1

spr	ay
str	ap

2

pr	eam
cr	ice

3

bl	ap
cl	ow

4

sm	ink
th	ell

5

ch	ip
sh	air

6

tr	ape
gr	uck

7

ph	oto
wh	ale

8

sw	an
st	op

9

sc	unk
sk	ore

10

sq	oon
sp	uid

C 그림을 보고, 그림이 나타내는 단어에 포함된 알파벳을 찾아 ○ 표시를 해 보세요.

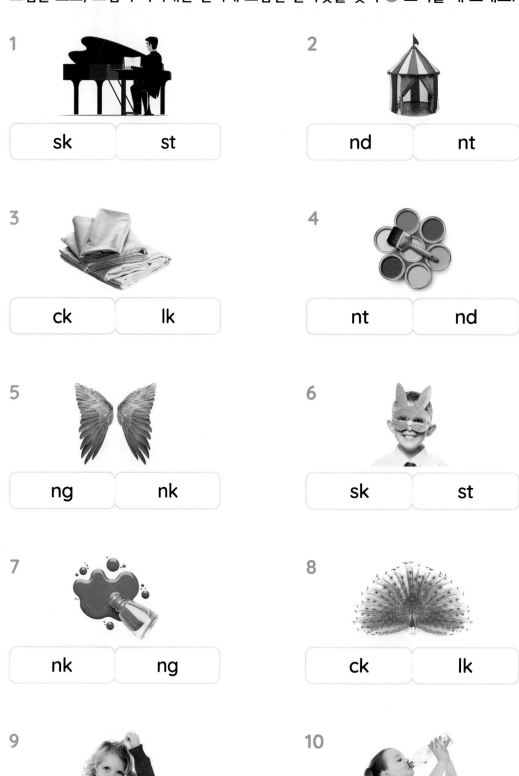

1

| sk | st |

2

| nd | nt |

3

| ck | lk |

4

| nt | nd |

5

| ng | nk |

6

| sk | st |

7

| nk | ng |

8

| ck | lk |

9

| nd | nt |

10

| nd | nk |

28 - 37 이중모음 / r로 끝나는 모음

D 그림을 보고, 빈칸에 알맞은 알파벳이 포함된 단어를 그림과 연결해 보세요.

1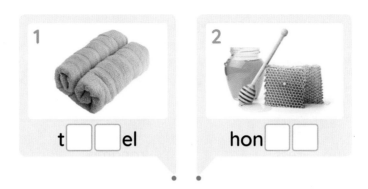
t▢▢el

2
hon▢▢

3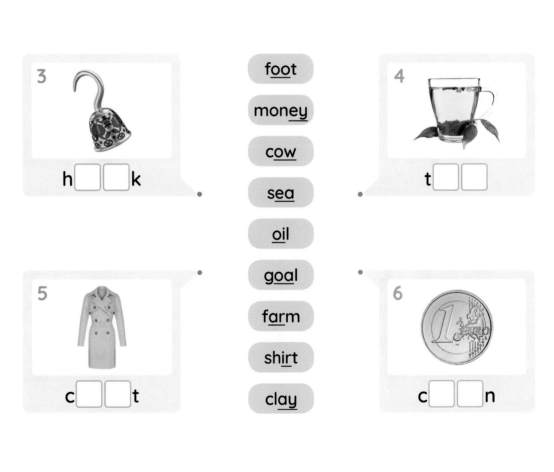
h▢▢k

4
t▢▢

5
c▢▢t

6
c▢▢n

foot
money
cow
sea
oil
goal
farm
shirt
clay

7
st▢▢

8
c▢▢cus

9
tr▢▢

실력 Test

01 - 40 총정리

E 그림을 보고, 단어와 문장을 완성해 보세요.

Step 1 그림을 보고, 빈칸에 알맞은 알파벳을 써 보세요.

1 ☐ress

2 ☐randma

3 ☐ail

4 ☐esk

5 ☐wl

6 ☐lphabet

7 ☐umber

8 ☐loud

9 ☐ock

10 ☐ash

11 ☐est

12 ☐gloo

13 ☐carf

14 ☐eight

15 ☐ing

16 ☐hadow

17 ☐at

18 ☐ang

19 ☐nt

20 ☐lephant

21 ☐lk

Step 2 그림이 나타내는 단어의 첫소리 알파벳을 빈칸에 써 보세요.

22  W

23  c

24 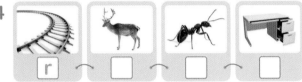 r

25 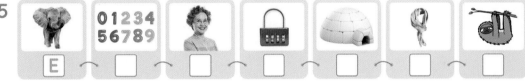 E

26  w

Step 3 위에 쓴 알파벳을 아래에 차례로 써서 문장을 완성한 후 소리 내어 읽어 보세요.

②⑦ W　②⑧ c　②⑨ r

③⑩ E　③① w .

완성된 문장을 세 번 읽고, 읽을 때마다 하트를 색칠해 보세요. ♡ ♡ ♡

memo

완자

공부력

정답

파닉스

초등 영어

2

1-2학년

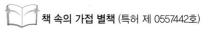

책 속의 가접 별책 (특허 제 0557442호)

'정답'은 진도책에서 쉽게 분리할 수 있도록 제작되었으므로
유통 과정에서 분리될 수 있으나 파본이 아닌 정상 제품입니다.

visang

우리는 남다른 상상과 혁신으로
교육 문화의 새로운 전형을 만들어
모든 이의 행복한 경험과 성장에 기여한다

ABOVE IMAGINATION

우리는 남다른 상상과 혁신으로
교육 문화의 새로운 전형을 만들어
모든 이의 행복한 경험과 성장에 기여한다

완자

공부력

초등 영어
파닉스 2

· · · ·

정답

완자

완자 공부력 가이드

완자 공부력 시리즈는
앞으로도 계속 출간될 예정입니다.

국어 맞춤법 바로 쓰기
1~2학년용
4책

쓰기력

전과목 어휘
1~6학년용
12책

전과목 한자 어휘
1~6학년용
12책

영어 파닉스
1~2학년용
2책

영어 영단어
3~6학년용
8책

어휘력

국어 독해
1~6학년용
12책

한국사 독해
인물편
3~6학년용
4책

한국사 독해
시대편
3~6학년용
4책

독해력

수학 계산
1~6학년용
12책

계산력

완자 공부력 시리즈로 공부 근육을 키워요!

매일 성장하는
초등 자기개발서
완자
공부력

학습의 기초가 되는 읽기, 쓰기, 셈하기와 관련된

공부력을 키워야 여러 교과를 터득하기 쉬워집니다.

또한 어휘력과 독해력, 쓰기력, 계산력을 바탕으로 한

'공부력'은 자기주도 학습으로 상당한 단계까지 올라갈 수 있는

밑바탕이 되어 줍니다. 그래서 매일 꾸준한 학습이 가능한 '완자

공부력 시리즈'로 공부하면 자기주도 학습이 가능한 튼튼한 공부

근육을 키울 수 있을 것이라 확신합니다.

효과적인 공부력 강화 계획을 세워요!

학년별 공부 계획

내 학년에 맞게 꾸준하게 공부 계획을 세워요!

		1-2학년	3-4학년	5-6학년
기본	독해	국어 독해 1A 1B 2A 2B	국어 독해 3A 3B 4A 4B	국어 독해 5A 5B 6A 6B
	계산	수학 계산 1A 1B 2A 2B	수학 계산 3A 3B 4A 4B	수학 계산 5A 5B 6A 6B
	어휘	전과목 어휘 1A 1B 2A 2B	전과목 어휘 3A 3B 4A 4B	전과목 어휘 5A 5B 6A 6B
		파닉스 1 2	영단어 3A 3B 4A 4B	영단어 5A 5B 6A 6B
확장	어휘	전과목 한자 어휘 1A 1B 2A 2B	전과목 한자 어휘 3A 3B 4A 4B	전과목 한자 어휘 5A 5B 6A 6B
	쓰기	맞춤법 바로 쓰기 1A 1B 2A 2B		
	독해			한국사 독해 인물편 1 2 3 4
				한국사 독해 시대편 1 2 3 4

시기별 공부 계획

학기 중에는 **기본**, 방학 중에는 **기본 + 확장**으로 공부 계획을 세워요!

방학 중			
학기 중			
기본			확장
독해	계산	어휘	어휘, 쓰기, 독해
국어 독해	수학 계산	전과목 어휘	전과목 한자 어휘
		파닉스(1~2학년) 영단어(3~6학년)	맞춤법 바로 쓰기(1~2학년) 한국사 독해(3~6학년)

예시 초1 학기 중 공부 계획표 주 5일 하루 3과목 (45분)

월	화	수	목	금
국어 독해	국어 독해	국어 독해	국어 독해	국어 독해
수학 계산	수학 계산	수학 계산	수학 계산	수학 계산
전과목 어휘	파닉스	전과목 어휘	전과목 어휘	파닉스

예시 초4 방학 중 공부 계획표 주 5일 하루 4과목 (60분)

월	화	수	목	금
국어 독해	국어 독해	국어 독해	국어 독해	국어 독해
수학 계산	수학 계산	수학 계산	수학 계산	수학 계산
전과목 어휘	영단어	전과목 어휘	전과목 어휘	영단어
한국사 독해 인물편	전과목 한자 어휘	한국사 독해 인물편	전과목 한자 어휘	한국사 독해 인물편

정답

f와 p의 소리가 어떻게 다른지 확인해 볼까요?

f

f는 살짝 깨물듯이 윗니를 아랫입술에 댔다가 아랫입술을 앞으로 살짝 튕기듯 때며 [프] 소리를 내요.

P

p는 윗입술과 아랫입술을 마주댔다가 살짝 터뜨리듯 바람을 내보내며 [프] 소리를 내요.

A f와 p의 소리 차이를 확인하면서 단어를 듣고, 소리 내어 두 번씩 따라 말해 보세요.

fork | fan | four | full

pork | pan | pour | pull

Words	▶ fork 포크	▶ fan 선풍기	▶ four 넷, 사	▶ full 가득 찬
	▶ pork 돼지고기	▶ pan 프라이팬	▶ pour 따르다, 붓다	▶ pull 당기다

11쪽
12쪽
13쪽

B (Choose & Write) 빈칸에 알맞은 알파벳을 그림과 연결한 후 빈칸에 써 보세요.

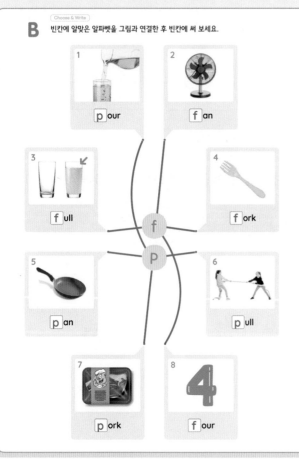

1 p our
2 f an
3 f ull
4 f ork
5 p an
6 p ull
7 p ork
8 f our

C (Listen & Choose) 단어를 듣고, 알맞은 그림에 ○ 표시를 해 보세요.

D (Write & Speak) 그림에 알맞은 단어를 완성한 후 소리 내어 읽어 보세요.

1 pull
2 fork
3 pour
4 fan

6

그림을 보고, 알맞은 알파벳을 찾아 ◯ 표시를 한 후 단어를 쓰면서 읽어 보세요.

1 f (p) pour

2 (f) p fan

3 f (p) pull

4 f (p) pork

5 (f) p fork

6 (f) p full

7 f (p) pan

8 (f) p four

b와 v의 소리가 어떻게 다른지 확인해 볼까요?

b **v**

b는 윗입술과 아랫입술을 마주 댔다가 떼며 [ㅂ]하고 소리 내요.

v는 살짝 깨물듯이 윗니를 아랫입술에 댔다가 아랫입술을 앞으로 살짝 팅기듯 떼며 [ㅂ]하고 소리 내요.

A b와 v의 소리 차이를 확인하면서 단어를 듣고, 소리 내어 두 번씩 따라 말해 보세요.

ban best bow boat

van vest vow vote

Words ▸ ban 금지 ▸ best 최고의 ▸ bow (허리 굽혀) 절하다 ▸ boat 작은 배, 보트
▸ van 화물차, 밴 ▸ vest 조끼 ▸ vow 맹세 ▸ vote 투표

B Choose & Write
빈칸에 알맞은 알파벳을 그림과 연결한 후 빈칸에 써 보세요.

1 v ow
2 v est
3 b oat
4 v an
5 b ow
6 b an
7 v ote
8 b est

b
v

C Listen & Choose
단어를 듣고, 알맞은 그림에 ◯ 표시를 해 보세요.

1
2
3
4

D Write & Speak
그림에 알맞은 단어를 완성한 후 소리 내어 읽어 보세요.

1 van
2 bow
3 best
4 boat

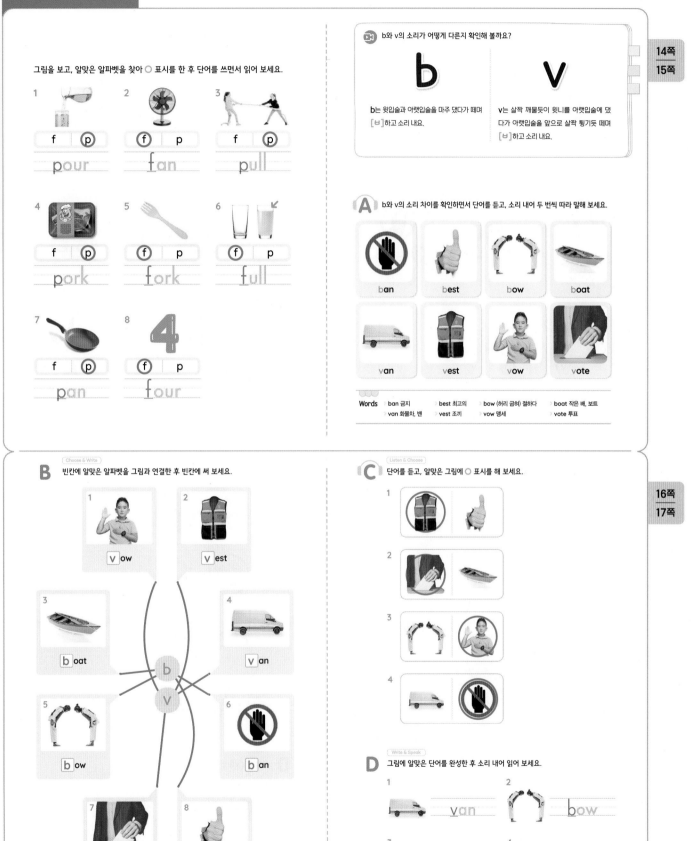

03 l과 r 비교

그림을 보고, 알맞은 알파벳을 찾아 ○ 표시를 한 후 단어를 쓰면서 읽어 보세요.

l과 r의 소리가 어떻게 다른지 확인해 볼까요?

l   r

l은 혀끝을 윗니 뒤에 살짝 댔다가 떼며 [ㄹ] 하고 소리 내요.

r은 '우'라고 말하듯 입술을 내밀다가 [ㄹ] 하고 소리를 내되 혀가 입천장에 닿지 않게 해요.

A l과 r의 소리 차이를 확인하면서 단어를 듣고, 소리 내어 두 번씩 따라 말해 보세요.

Words
- lock 자물쇠
- lace 레이스
- light 전등
- lake 호수
- rock 돌
- race 경주
- right 오른쪽
- rake 갈퀴

B (Choose & Write) 빈칸에 알맞은 알파벳을 그림과 연결한 후 빈칸에 써 보세요.

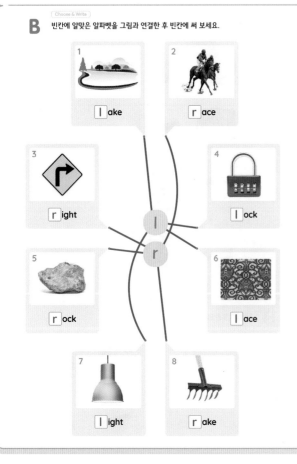

C (Listen & Choose) 단어를 듣고, 알맞은 그림에 ○ 표시를 해 보세요.

D (Write & Speak) 그림에 알맞은 단어를 완성한 후 소리 내어 읽어 보세요.

그림을 보고, 알맞은 알파벳을 찾아 ○ 표시를 한 후 단어를 쓰면서 읽어 보세요.

d와 t의 소리가 어떻게 다른지 확인해 볼까요?

22쪽
23쪽

d   t

d는 윗니 뒤쪽의 볼록한 부분에 혀를 댔다가 떼며 [ㄷ]하고 소리 내요.

t는 윗니 뒤쪽의 볼록한 부분에 혀를 댔다가 살짝 터뜨리듯 바람을 내보내며 [ㅌ]하고 소리 내요.

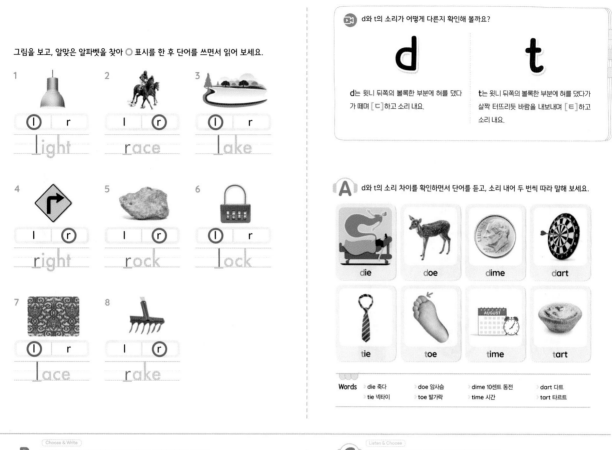

1 ① r light
2 l ⓡ race
3 ① r lake

4 l ⓡ right
5 l ⓡ rock
6 ① r lock

7 ① r lace
8 l ⓡ rake

A d와 t의 소리 차이를 확인하면서 단어를 듣고, 소리 내어 두 번씩 따라 말해 보세요.

die doe dime dart

tie toe time tart

Words ▸ die 죽다 ▸ doe 암사슴 ▸ dime 10센트 동전 ▸ dart 다트
         ▸ tie 넥타이 ▸ toe 발가락 ▸ time 시간 ▸ tart 타르트

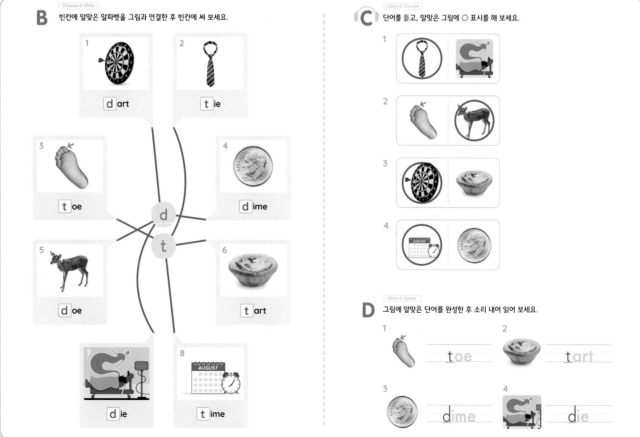

B Choose & Write
빈칸에 알맞은 알파벳을 그림과 연결한 후 빈칸에 써 보세요.

1 d art
2 t ie
3 t oe
4 d ime
5 d oe
6 t art
7 d ie
8 t ime

C Listen & Choose
단어를 듣고, 알맞은 그림에 ○ 표시를 해 보세요.

24쪽
25쪽

D Write & Speak
그림에 알맞은 단어를 완성한 후 소리 내어 읽어 보세요.

1 t oe
2 t art
3 d ime
4 d ie

5 Review 01 - 04

26쪽
27쪽

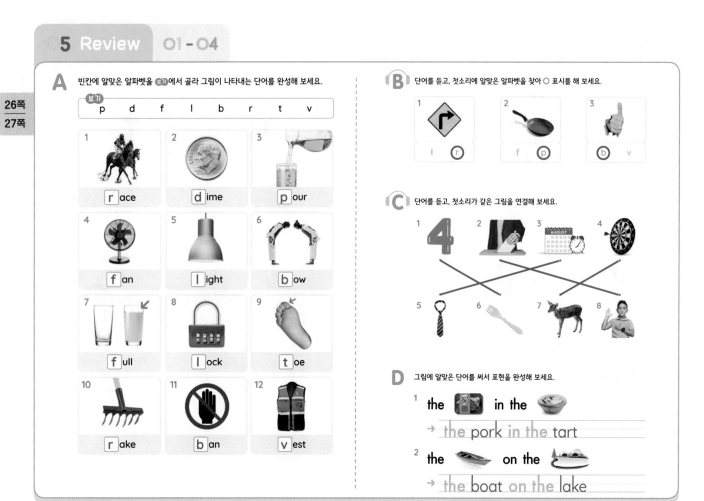

A 빈칸에 알맞은 알파벳을 보기에서 골라 그림이 나타내는 단어를 완성해 보세요.

보기 p d f l b r t v

1 r ace
2 d ime
3 p our
4 f an
5 l ight
6 b ow
7 f ull
8 l ock
9 t oe
10 r ake
11 b an
12 v est

B 단어를 듣고, 첫소리에 알맞은 알파벳을 찾아 ○ 표시를 해 보세요.

1 l (r)
2 f (p)
3 (b) v

C 단어를 듣고, 첫소리가 같은 그림을 연결해 보세요.

D 그림에 알맞은 단어를 써서 표현을 완성해 보세요.

1 the ▢ in the ▢
→ the pork in the tart

2 the ▢ on the ▢
→ the boat on the lake

06 이중자음 bl, cl

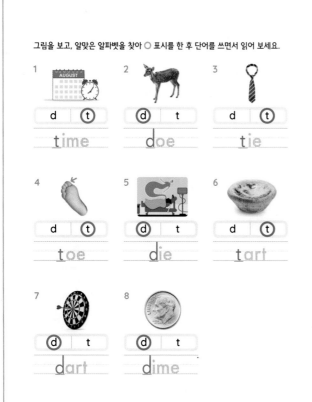

그림을 보고, 알맞은 알파벳을 찾아 ○ 표시를 한 후 단어를 쓰면서 읽어 보세요.

자음 b 또는 c 뒤에 l이 오면 어떤 소리가 나는지 확인해 볼까요?

bl   cl

bl은 b[ㅂ]와 l[ㄹ]을 빠르게 이어 발음하여 [블리]하고 소리 내요.

cl은 c[ㅋ]와 l[ㄹ]을 빠르게 이어 발음하여 [클리]하고 소리 내요.

28쪽 29쪽

A 단어를 듣고, 소리 내어 두 번씩 따라 말해 보세요.

block / blow / blouse / blanket / clock / clap / clip / click

Words ▸ block 블록 ▸ blow 불다 ▸ blouse 블라우스 ▸ blanket 담요
▸ clock 시계 ▸ clap 박수 ▸ clip 클립 ▸ click (마우스를) 누르다

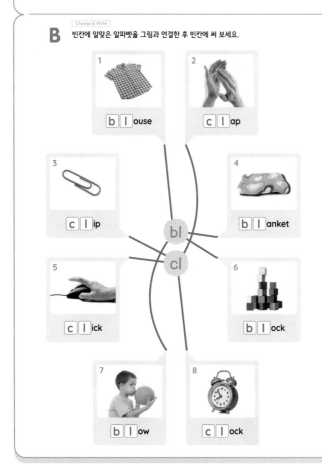

B Choose & Write
빈칸에 알맞은 알파벳을 그림과 연결한 후 빈칸에 써 보세요.

C Listen & Choose
단어를 듣고, 첫 번째 그림과 첫소리가 같은 단어의 그림을 찾아 ○ 표시를 해 보세요.

30쪽 31쪽

D Write & Speak
그림에 알맞은 단어를 완성한 후 소리 내어 읽어 보세요.

1 blanket   2 clock   3 block   4 clap

07 이중자음 fl, gl

그림을 보고, 알맞은 알파벳을 찾아 ○ 표시를 한 후 단어를 쓰면서 읽어 보세요.

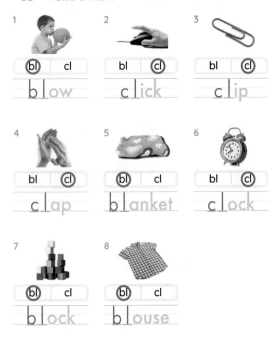

1 (bl) cl — blow
2 bl (cl) — click
3 bl (cl) — clip
4 bl (cl) — clap
5 (bl) cl — blanket
6 bl (cl) — clock
7 (bl) cl — block
8 (bl) cl — blouse

🎥 자음 f 또는 g 뒤에 l이 오면 어떤 소리가 나는지 확인해 볼까요?

fl gl

fl은 윗니를 아랫입술에 댔다가 때는 f[ㅍ] 발음과 l[ㄹ]을 빠르게 이어 발음하여 [플ㄹ] 하고 소리 내요.

gl은 g[ㄱ]와 l[ㄹ]을 빠르게 이어 발음하여 [글ㄹ]하고 소리 내요.

🎧 A 단어를 듣고, 소리 내어 두 번씩 따라 말해 보세요.

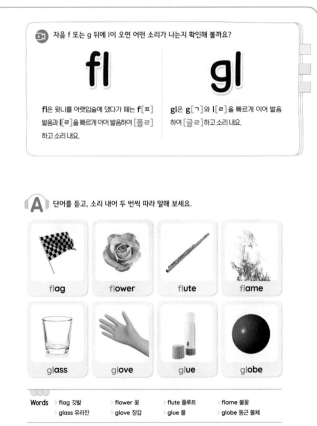

flag | flower | flute | flame
glass | glove | glue | globe

Words ▸ flag 깃발　▸ flower 꽃　▸ flute 플루트　▸ flame 불꽃
▸ glass 유리잔　▸ glove 장갑　▸ glue 풀　▸ globe 둥근 물체

B (Choose & Write) 빈칸에 알맞은 알파벳을 그림과 연결한 후 빈칸에 써 보세요.

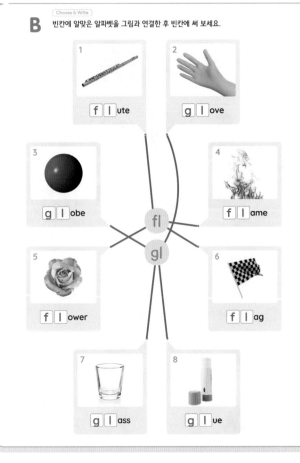

1 f [l] ute
2 g [l] ove
3 g [l] obe
4 f [l] ame
5 f [l] ower
6 f [l] ag
7 g [l] ass
8 g [l] ue

fl
gl

C (Listen & Choose) 단어를 듣고, 첫 번째 그림과 첫소리가 같은 단어의 그림을 찾아 ○ 표시를 해 보세요.

D (Write & Speak) 그림에 알맞은 단어를 완성한 후 소리 내어 읽어 보세요.

1 flame
2 glue
3 globe
4 flag

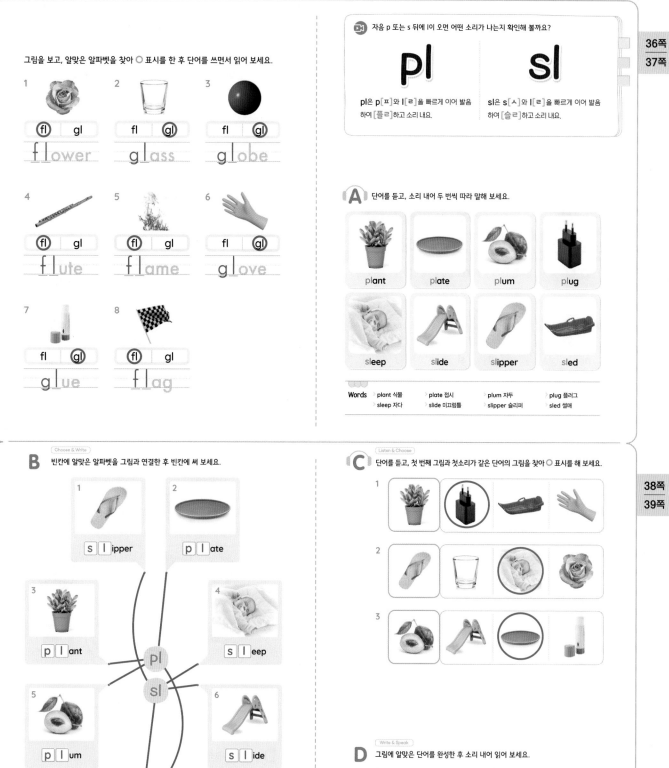

그림을 보고, 알맞은 알파벳을 찾아 ◯ 표시를 한 후 단어를 쓰면서 읽어 보세요.

1 ⓕ gl
flower

2 fl ⓖ
glass

3 fl ⓖ
globe

4 ⓕ gl
flute

5 ⓕ gl
flame

6 fl ⓖ
glove

7 fl ⓖ
glue

8 ⓕ gl
flag

자음 p 또는 s 뒤에 l이 오면 어떤 소리가 나는지 확인해 볼까요?

pl

sl

pl은 p[ㅍ]와 l[ㄹ]을 빠르게 이어 발음하여 [플ㄹ]하고 소리 내요.

sl은 s[ㅅ]와 l[ㄹ]을 빠르게 이어 발음하여 [슬ㄹ]하고 소리 내요.

A 단어를 듣고, 소리 내어 두 번씩 따라 말해 보세요.

plant	plate	plum	plug
sleep	slide	slipper	sled

Words ▸ plant 식물 ▸ plate 접시 ▸ plum 자두 ▸ plug 플러그
▸ sleep 자다 ▸ slide 미끄럼틀 ▸ slipper 슬리퍼 ▸ sled 썰매

B (Choose & Write) 빈칸에 알맞은 알파벳을 그림과 연결한 후 빈칸에 써 보세요.

1 s l ipper
2 p l ate
3 p l ant
4 s l eep
5 p l um
6 s l ide
7 s l ed
8 p l ug

pl
sl

C (Listen & Choose) 단어를 듣고, 첫 번째 그림과 첫소리가 같은 단어의 그림을 찾아 ◯ 표시를 해 보세요.

1
2
3

D (Write & Speak) 그림에 알맞은 단어를 완성한 후 소리 내어 읽어 보세요.

1 s l ide
2 p l ate
3 p l ug
4 s l ed

36쪽
37쪽

38쪽
39쪽

13

정답

40쪽 / 41쪽

그림을 보고, 알맞은 알파벳을 찾아 ○ 표시를 한 후 단어를 쓰면서 읽어 보세요.

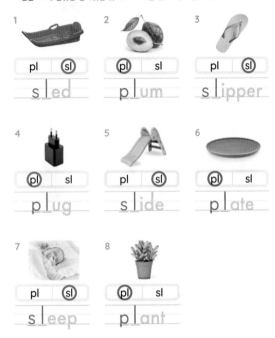

1. (sl) s l e d
2. (pl) p l u m
3. (sl) s l i p p e r
4. (pl) p l u g
5. (sl) s l i d e
6. (pl) p l a t e
7. (sl) s l e e p
8. (pl) p l a n t

자음 b 또는 d 뒤에 r이 오면 어떤 소리가 나는지 확인해 볼까요?

br   dr

br은 b[ㅂ]와 r[ㄹ]을 빠르게 이어 발음하여 [브ㄹ]하고 소리 내요. r[ㄹ]은 혀끝으로 윗니 뒤쪽의 볼록한 부분을 살짝 스치는 느낌으로 발음해요.

dr은 d[ㄷ]와 r[ㄹ]을 빠르게 이어 발음하여 [드ㄹ]하고 소리 내요.

A 단어를 듣고, 소리 내어 두 번씩 따라 말해 보세요.

bread	**br**ick
bridge	**br**oom
drive	**dr**um
dress	**dr**agon

Words
- bread 빵
- brick 벽돌
- bridge 다리
- broom 빗자루
- drive 운전하다
- drum 북
- dress 드레스
- dragon 용

42쪽 / 43쪽

(Choose & Write)

B 빈칸에 알맞은 알파벳을 그림과 연결한 후 빈칸에 써 보세요.

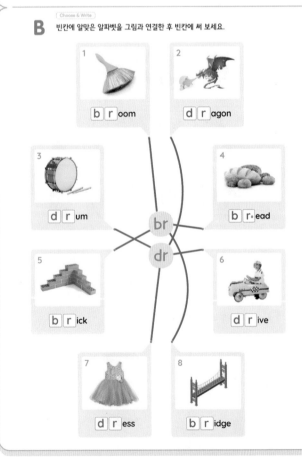

1. b r oom
2. d r agon
3. d r um
4. b r ead
5. b r ick
6. d r ive
7. d r ess
8. b r idge

br
dr

(Listen & Choose)

C 단어를 듣고, 첫 번째 그림과 첫소리가 같은 단어의 그림을 찾아 ○ 표시를 해 보세요.

1.
2.
3.

(Write & Speak)

D 그림에 알맞은 단어를 완성한 후 소리 내어 읽어 보세요.

1. bread
2. broom
3. dragon
4. dress

14

A 빈칸에 알맞은 알파벳을 보기에서 골라 그림이 나타내는 단어를 완성해 보세요.

보기
gl fl bl cl pl sl br dr

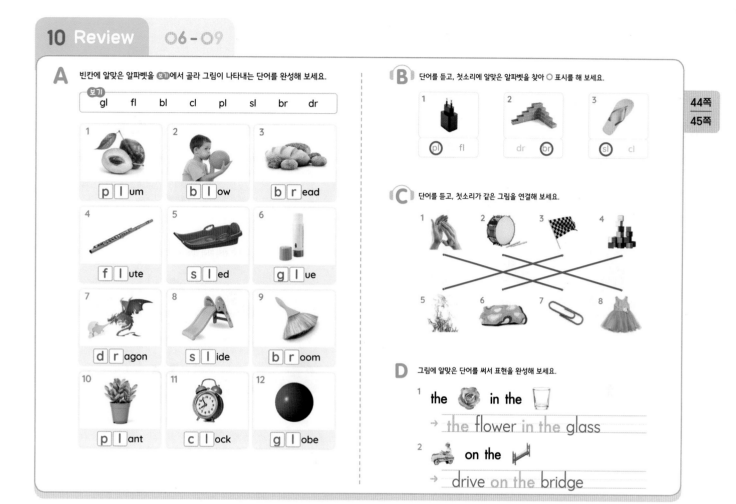

1 p l um
2 b l ow
3 b r ead
4 f l ute
5 s l ed
6 g l ue
7 d r agon
8 s l ide
9 b r oom
10 p l ant
11 c l ock
12 g l obe

44쪽
45쪽

B 단어를 듣고, 첫소리에 알맞은 알파벳을 찾아 ○ 표시를 해 보세요.

1 (pl) fl
2 dr (br)
3 (sl) cl

C 단어를 듣고, 첫소리가 같은 그림을 연결해 보세요.

1 2 3 4
5 6 7 8

D 그림에 알맞은 단어를 써서 표현을 완성해 보세요.

1 the 🌹 in the 🥛
→ the flower in the glass

2 🚗 on the 🌉
→ drive on the bridge

15

정답

그림을 보고, 알맞은 알파벳을 찾아 ◯ 표시를 한 후 단어를 쓰면서 읽어 보세요.

1 br (dr) **d**rive

2 (br) dr **b**room

3 br (dr) **dr**um

4 br (dr) **d**ress

5 (br) dr **b**read

6 (br) dr **b**ridge

7 (br) dr **b**rick

8 br (dr) **d**ragon

📀 자음 g 또는 t 뒤에 r이 오면 어떤 소리가 나는지 확인해 볼까요?

gr

gr은 g[ㄱ]와 r[ㄹ]을 빠르게 이어 발음하여 [그ㄹ]하고 소리 내요.

tr

tr은 t[ㅌ]와 r[ㄹ]을 빠르게 이어 발음하여 [트ㄹ]하고 소리 내요. 이때 t는 우리말의 'ㅌ'과 'ㅊ'의 중간 정도 소리의 느낌으로 발음해요.

A 단어를 듣고, 소리 내어 두 번씩 따라 말해 보세요.

grass

grape

grandma

grain

tree

truck

treasure

trumpet

Words ▸ grass 풀, 잔디 ▸ grape 포도 ▸ grandma 할머니 ▸ grain 곡물
▸ tree 나무 ▸ truck 트럭 ▸ treasure 보물 ▸ trumpet 트럼펫

B (Choose & Write) 빈칸에 알맞은 알파벳을 그림과 연결한 후 빈칸에 써 보세요.

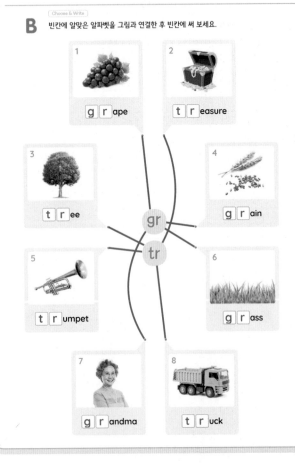

1 g r ape

2 t r easure

3 t r ee

4 g r ain

gr

tr

5 t r umpet

6 g r ass

7 g r andma

8 t r uck

C (Listen & Choose) 단어를 듣고, 첫 번째 그림과 첫소리가 같은 단어의 그림을 찾아 ◯ 표시를 해 보세요.

1

2

3

D (Write & Speak) 그림에 알맞은 단어를 완성한 후 소리 내어 읽어 보세요.

1 tree

2 grain

3 grape

4 truck

16

자음 c, f, p 뒤에 r이 오면 어떤 소리가 나는지 확인해 볼까요?

50쪽
51쪽

cr fr pr

cr은 c[ㅋ]와 r[ㄹ]을 빠르게 이어 발음하여 [크ㄹ]하고 소리 내요.

fr은 f[ㅍ]와 r[ㄹ]을 빠르게 이어 발음하여 [프ㄹ]하고 소리 내요.

pr은 p[ㅍ]와 r[ㄹ]을 빠르게 이어 발음하여 [프ㄹ]하고 소리 내요.

그림을 보고, 알맞은 알파벳을 찾아 ○ 표시를 한 후 단어를 쓰면서 읽어 보세요.

1 (gr) tr
grass

2 gr (tr)
truck

3 (gr) tr
grain

4 gr (tr)
treasure

5 gr (tr)
tree

6 (gr) tr
grape

7 (gr) tr
grandma

8 gr (tr)
trumpet

A 단어를 듣고, 소리 내어 두 번씩 따라 말해 보세요.

cream crab crayon

fruit friend frog

prize present price

Words ▸ cream 크림 · crab 게 · crayon 크레용 · fruit 과일 · friend 친구
        ▸ frog 개구리 · prize 상 · present 선물 · price 가격

B [Choose & Write] 빈칸에 알맞은 알파벳을 그림과 연결한 후 빈칸에 써 보세요.

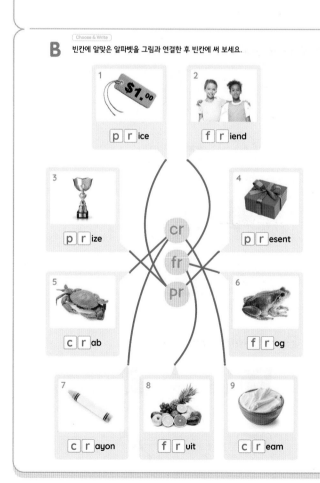

1 p r ice

2 f r iend

3 p r ize

4 p r esent

cr

fr

pr

5 c r ab

6 f r og

7 c r ayon

8 f r uit

9 c r eam

C [Listen & Choose] 단어를 듣고, 첫 번째 그림과 첫소리가 같은 단어의 그림을 찾아 ○ 표시를 해 보세요.

52쪽
53쪽

1

2

3

D [Write & Speak] 그림에 알맞은 단어를 완성한 후 소리 내어 읽어 보세요.

1 price
2 crab
3 present
4 frog

13 이중자음 scr, spr, str

54쪽
55쪽

이중자음 sc, sp, st 뒤에 r이 오면 어떤 소리가 나는지 확인해 볼까요?

scr spr str

scr은 sc[스ㅋ]와 r[ㄹ]을 빠르게 이어 발음하여 [스크ㄹ]하고 소리 내요.

spr은 sp[스ㅍ]와 r[ㄹ]을 빠르게 이어 발음하여 [스프ㄹ]하고 소리 내요.

str은 st[스ㅌ]와 r[ㄹ]을 빠르게 이어 발음하여 [스트ㄹ]하고 소리 내요.

그림을 보고, 알맞은 알파벳을 찾아 ○ 표시를 한 후 단어를 쓰면서 읽어 보세요.

1. cr (fr) — friend
2. (pr) cr — present
3. fr (cr) — crayon
4. (pr) cr — price
5. (fr) pr — fruit
6. (cr) fr — crab
7. fr (pr) — prize
8. cr (fr) — frog
9. pr (cr) — cream

A 단어를 듣고, 소리 내어 두 번씩 따라 말해 보세요.

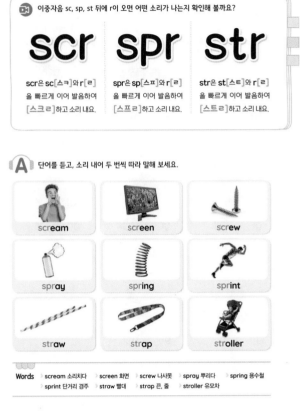

scream | screen | screw
spray | spring | sprint
straw | strap | stroller

Words ▶ scream 소리치다 ▶ screen 화면 ▶ screw 나사못 ▶ spray 뿌리다 ▶ spring 용수철
▶ sprint 단거리 경주 ▶ straw 빨대 ▶ strap 끈, 줄 ▶ stroller 유모차

56쪽
57쪽

B Choose & Write
빈칸에 알맞은 알파벳을 그림과 연결한 후 빈칸에 써 보세요.

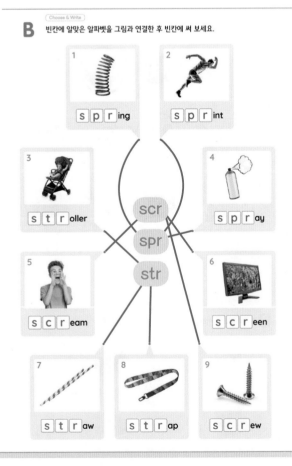

1. s p r ing
2. s p r int
3. s t r oller
4. s p r ay
5. s c r eam
6. s c r een
7. s t r aw
8. s t r ap
9. s c r ew

scr
spr
str

C Listen & Choose
단어를 듣고, 알맞은 그림에 ○ 표시를 해 보세요.

D Write & Speak
그림에 알맞은 단어를 완성한 후 소리 내어 읽어 보세요.

1. screen
2. stroller
3. strap
4. sprint

그림을 보고, 알맞은 알파벳을 찾아 ○ 표시를 한 후 단어를 쓰면서 읽어 보세요.

1
(spr) scr
spray

2
scr (str)
strap

3
str (scr)
screw

4
(scr) str
scream

5
str (spr)
spring

6
spr (str)
straw

7
spr (str)
stroller

8
(scr) spr
screen

9
(spr) scr
sprint

자음 s 뒤에 c 또는 k가 오면 어떤 소리가 나는지 확인해 볼까요?

sc

sc는 s[ㅅ]와 c[ㅋ]를 빠르게 이어 발음하여 [스ㅋ]하고 소리 내요.

sk

sk는 s[ㅅ]와 k[ㅋ]를 빠르게 이어 발음하여 [스ㅋ]하고 소리 내요.

58쪽
59쪽

A 단어를 듣고, 소리 내어 두 번씩 따라 말해 보세요.

scarf

scale

score

scoop

ski

skirt

skate

skunk

Words ▸ scarf 스카프 ▸ scale 저울 ▸ score 득점(표) ▸ scoop (깊고 둥근) 숟가락
▸ ski 스키 ▸ skirt 치마 ▸ skate 스케이트 ▸ skunk 스컹크

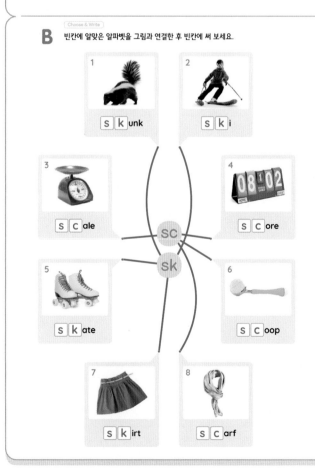

B [Choose & Write] 빈칸에 알맞은 알파벳을 그림과 연결한 후 빈칸에 써 보세요.

1 s k unk

2 s k i

3 s c ale

4 s c ore

sc
sk

5 s k ate

6 s c oop

7 s k irt

8 s c arf

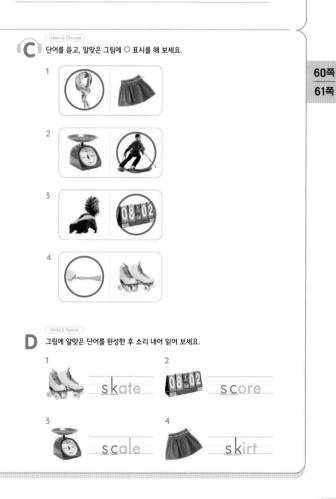

C [Listen & Choose] 단어를 듣고, 알맞은 그림에 ○ 표시를 해 보세요.

1

2

3

4

D [Write & Speak] 그림에 알맞은 단어를 완성한 후 소리 내어 읽어 보세요.

1 s k ate

2 s c ore

3 s c ale

4 s k irt

60쪽
61쪽

정답

62쪽
63쪽

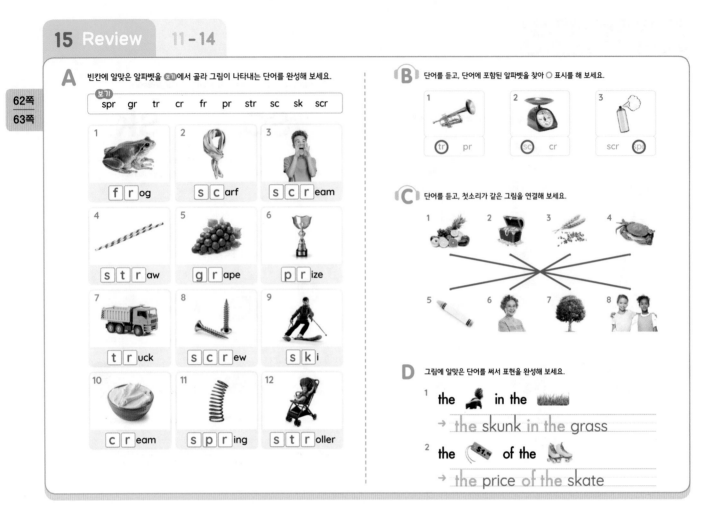

A 빈칸에 알맞은 알파벳을 보기에서 골라 그림이 나타내는 단어를 완성해 보세요.

보기
spr gr tr cr fr pr str sc sk scr

1. f r og
2. s c arf
3. s c r eam
4. s tr aw
5. g r ape
6. p r ize
7. t r uck
8. s c r ew
9. s k i
10. c r eam
11. s p r ing
12. s t r oller

B 단어를 듣고, 단어에 포함된 알파벳을 찾아 ○ 표시를 해 보세요.

1. (tr) pr
2. (sc) cr
3. scr (sp)

C 단어를 듣고, 첫소리가 같은 그림을 연결해 보세요.

D 그림에 알맞은 단어를 써서 표현을 완성해 보세요.

1. the 🦨 in the 🌿
→ the skunk in the grass

2. the 🏷️ of the 🛼
→ the price of the skate

16 이중자음 sm, sn

그림을 보고, 알맞은 알파벳을 찾아 ○ 표시를 한 후 단어를 쓰면서 읽어 보세요.

1 **sc** | sk — s coop

2 sc | **sk** — s kate

3 **sc** | sk — s cale

4 **sc** | sk — s carf

5 sc | **sk** — s kunk

6 sc | **sk** — s ki

7 **sc** | sk — s core

8 sc | **sk** — s kirt

64쪽 65쪽

자음 s 뒤에 m 또는 n이 오면 어떤 소리가 나는지 확인해 볼까요?

sm   ## sn

sm은 s[ㅅ]와 m[ㅁ]을 빠르게 이어 발음하여 [스ㅁ]하고 소리 내요.

sn은 s[ㅅ]와 n[ㄴ]을 빠르게 이어 발음하여 [스ㄴ]하고 소리 내요.

A 단어를 듣고, 소리 내어 두 번씩 따라 말해 보세요.

smell | smile | small | smoke

snack | snake | snail | sneakers

Words ▶ smell 냄새 맡다 ▶ smile 미소 짓다 ▶ small 작은 ▶ smoke 연기
▶ snack 간식 ▶ snake 뱀 ▶ snail 달팽이 ▶ sneakers 운동화

B (Choose & Write) 빈칸에 알맞은 알파벳을 그림과 연결한 후 빈칸에 써 보세요.

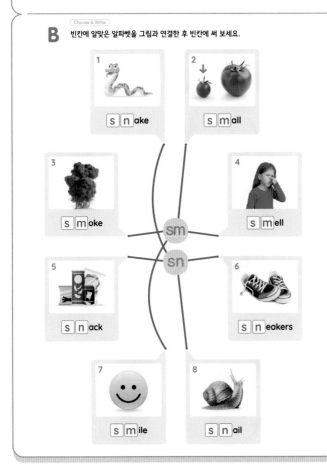

1 s **n** ake
2 s **m** all
3 s **m** oke
4 s **m** ell
5 s **n** ack
6 s **n** eakers
7 s **m** ile
8 s **n** ail

sm
sn

66쪽 67쪽

C (Listen & Choose) 단어를 듣고, 알맞은 그림에 ○ 표시를 해 보세요.

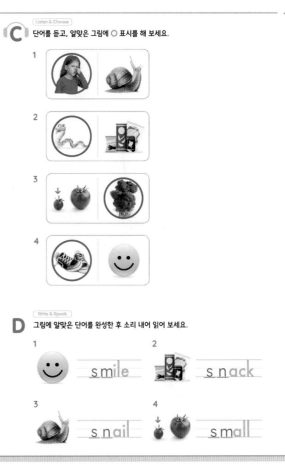

D (Write & Speak) 그림에 알맞은 단어를 완성한 후 소리 내어 읽어 보세요.

1 smile
2 s nack
3 s nail
4 s mall

17 이중자음 sp, sq

68쪽
69쪽

그림을 보고, 알맞은 알파벳을 찾아 ○ 표시를 한 후 단어를 쓰면서 읽어 보세요.

1 sm (sn) s n eakers

2 (sm) sn s m ile

3 sm (sn) s n ail

4 sm (sn) s n ake

5 (sm) sn s m all

6 (sm) sn s m ell

7 (sm) sn s m oke

8 sm (sn) s n ack

자음 s 뒤에 p 또는 q가 오면 어떤 소리가 나는지 확인해 볼까요?

sp

sp는 s[ㅅ]와 p[ㅍ]를 빠르게 이어 발음하여 [스ㅍ]하고 소리 내요.

sq

sq는 s[ㅅ]와 q[ㅋ]를 빠르게 이어 발음하여 [스ㅋ]하고 소리 내요. sq 뒤에는 주로 u가 쓰여 [스쿠]에 가깝게 소리 내요.

A 단어를 듣고, 소리 내어 두 번씩 따라 말해 보세요.

spoon · spider · sponge · speaker

square · squid · squirrel · squash

Words ▸ spoon 숟가락   ▸ spider 거미   ▸ sponge 스펀지   ▸ speaker 스피커
▸ square 사각형   ▸ squid 오징어   ▸ squirrel 다람쥐   ▸ squash 스쿼시

70쪽
71쪽

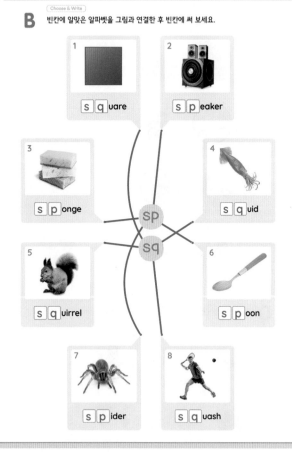

B (Choose & Write) 빈칸에 알맞은 알파벳을 그림과 연결한 후 빈칸에 써 보세요.

1 s q uare

2 s p eaker

3 s p onge

4 s q uid

5 s q uirrel

6 s p oon

7 s p ider

8 s q uash

sp
sq

C (Listen & Choose) 단어를 듣고, 알맞은 그림에 ○ 표시를 해 보세요.

1
2
3
4

D (Write & Speak) 그림에 알맞은 단어를 완성한 후 소리 내어 읽어 보세요.

1 spider

2 square

3 squash

4 sponge

18 이중자음 st, sw

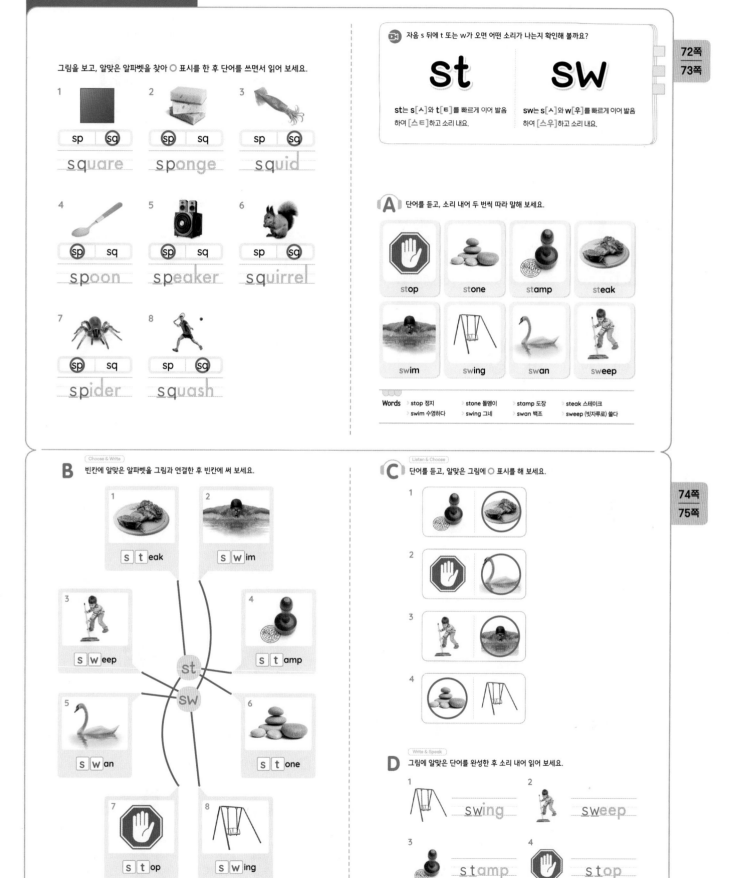

그림을 보고, 알맞은 알파벳을 찾아 ○ 표시를 한 후 단어를 쓰면서 읽어 보세요.

1 sp (sq) square
2 (sp) sq sponge
3 sp (sq) squid
4 (sp) sq spoon
5 (sp) sq speaker
6 sp (sq) squirrel
7 (sp) sq spider
8 sp (sq) squash

자음 s 뒤에 t 또는 w가 오면 어떤 소리가 나는지 확인해 볼까요?

st   sw

st는 s[ㅅ]와 t[ㅌ]를 빠르게 이어 발음하여 [스트]하고 소리 내요.

sw는 s[ㅅ]와 w[우]를 빠르게 이어 발음하여 [스우]하고 소리 내요.

72쪽
73쪽

A 단어를 듣고, 소리 내어 두 번씩 따라 말해 보세요.

stop | stone | stamp | steak
swim | swing | swan | sweep

Words ▸ stop 정지 ▸ stone 돌멩이 ▸ stamp 도장 ▸ steak 스테이크
▸ swim 수영하다 ▸ swing 그네 ▸ swan 백조 ▸ sweep (빗자루로) 쓸다

B (Choose & Write) 빈칸에 알맞은 알파벳을 그림과 연결한 후 빈칸에 써 보세요.

1 s t eak
2 s w im
3 s w eep
4 s t amp
5 s w an
6 s t one
7 s t op
8 s w ing

st
sw

C (Listen & Choose) 단어를 듣고, 알맞은 그림에 ○ 표시를 해 보세요.

1
2
3
4

74쪽
75쪽

D (Write & Speak) 그림에 알맞은 단어를 완성한 후 소리 내어 읽어 보세요.

1 swing
2 sweep
3 stamp
4 stop

정답

19 이중자음 ch, sh

그림을 보고, 알맞은 알파벳을 찾아 ○ 표시를 한 후 단어를 쓰면서 읽어 보세요.

1 st / ⊙sw → s t one
2 st / ⊙sw → sweep
3 st / ⊙sw → swim
4 ⊙st / sw → s t amp
5 ⊙st / sw → s t eak
6 st / ⊙sw → swing
7 ⊙st / sw → s t op
8 st / ⊙sw → swan

자음 c 또는 s 뒤에 h가 오면 어떤 소리가 나는지 확인해 볼까요?

ch   sh

자음 c와 h가 함께 있으면 [ㅊ]에 가까운 소리로 발음해요.

자음 s와 h가 함께 있으면 [쉬]에 가까운 소리로 발음해요.

A 단어를 듣고, 소리 내어 두 번씩 따라 말해 보세요.

chair   cheese   peach   lunch
ship   shadow   dish   wash

Words ▸ chair 의자 ▸ cheese 치즈 ▸ peach 복숭아 ▸ lunch 점심
      ▸ ship 배   ▸ shadow 그림자 ▸ dish 접시   ▸ wash 씻다

B (Choose & Write) 빈칸에 알맞은 알파벳을 그림과 연결한 후 빈칸에 써 보세요.

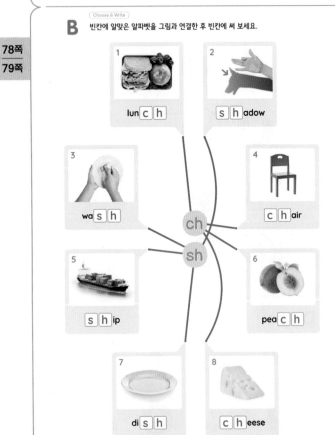

1 lun c h
2 s h adow
3 wa s h
4 c h air
5 s h ip
6 pea c h
7 di s h
8 c h eese

ch / sh

C (Listen & Choose) 단어를 듣고, 첫 번째 그림과 첫소리 또는 끝소리가 같은 단어의 그림을 찾아 ○ 표시를 해 보세요.

1 첫소리
2 첫소리
3 끝소리

D (Write & Speak) 그림에 알맞은 단어를 완성한 후 소리 내어 읽어 보세요.

1 ship
2 chair
3 lunch
4 wash

24

A 빈칸에 알맞은 알파벳을 보기에서 골라 그림이 나타내는 단어를 완성해 보세요.

보기

sn	sp	sq	st	sw	ch	sh	sm

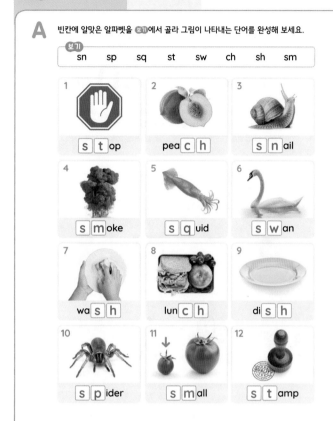

1. s t op
2. pea c h
3. s n ail
4. s m oke
5. s q uid
6. s w an
7. wa s h
8. lun c h
9. di s h
10. s p ider
11. s m all
12. s t amp

80쪽
81쪽

B 단어를 듣고, 첫소리에 알맞은 알파벳을 찾아 ○ 표시를 해 보세요.

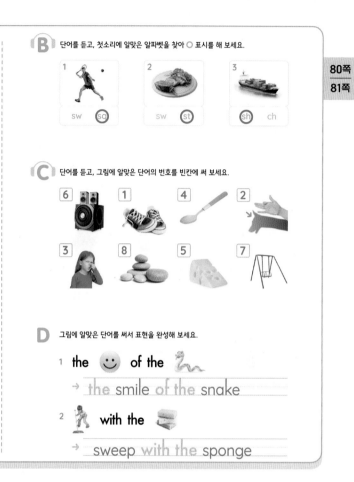

1. sw (sq)
2. sw (st)
3. (sh) ch

C 단어를 듣고, 그림에 알맞은 단어의 번호를 빈칸에 써 보세요.

6 1 4 2

3 8 5 7

D 그림에 알맞은 단어를 써서 표현을 완성해 보세요.

1. the ☺ of the 🐍
   → the smile of the snake

2. 🏃 with the 🧽
   → sweep with the sponge

21 이중자음 th

82쪽
83쪽

그림을 보고, 알맞은 알파벳을 찾아 ○ 표시를 한 후 단어를 쓰면서 읽어 보세요.

1 ch (sh) peach

2 ch (sh) wash

3 ch (sh) shadow

4 ch (sh) dish

5 (ch) sh cheese

6 ch (sh) ship

7 (ch) sh lunch

8 (ch) sh chair

▶️ 자음 t 뒤에 h가 오면 발음되는 두 가지 소리가 어떻게 다른지 확인해 볼까요?

th [θ]   th [ð]

th의 첫 번째 소리는 윗니와 아랫니 사이에 혀를 약간 넣었다가 빼며 [ㅆ]와 [ㄸ]의 중간에 가까운 소리로 발음하고 기호로는 [θ]로 표시해요.

th의 두 번째 소리는 윗니와 아랫니 사이에 혀를 약간 넣었다가 빼며 [ㄷ]에 가까운 소리로 발음하고 기호로는 [ð]로 표시해요.

A 단어를 듣고, 소리 내어 두 번씩 따라 말해 보세요.

think   thumb   month   bath

this   mother   father   weather

Words ▸ think 생각하다 ▸ thumb 엄지손가락 ▸ month 월, 달 ▸ bath 목욕
▸ this 이것 ▸ mother 엄마 ▸ father 아빠 ▸ weather 날씨

84쪽
85쪽

B (Choose & Write) 그림을 보고, 빈칸에 알맞은 알파벳의 발음이 같은 것끼리 단어를 써 보세요.

mon [t][h]   wea [t] h er

[t][h] ink   [t][h] umb   mo [t] h er

ba [t][h]   fa [t][h] er   [t][h] is

1 th[θ] **month,** think , thumb , bath

2 th[ð] weather , mother , father , this

C (Listen & Choose) 단어를 듣고, 첫 번째 그림과 첫소리 또는 끝소리가 같은 단어의 그림을 찾아 ○ 표시를 해 보세요.

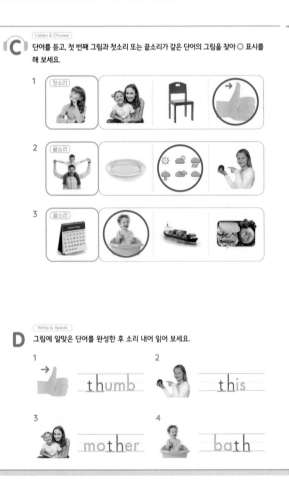

1 [첫소리]

2 [끝소리]

3 [끝소리]

D (Write & Speak) 그림에 알맞은 단어를 완성한 후 소리 내어 읽어 보세요.

1 thumb   2 this

3 mother   4 bath

그림을 보고, 알맞은 소리를 찾아 ○ 표시를 한 후 단어를 쓰면서 읽어 보세요.

1 th[θ] **th[ð]** mother

2 th[θ] **th[ð]** this

3 **th[θ]** th[ð] month

4 th[θ] **th[ð]** weather

5 **th[θ]** th[ð] think

6 th[θ] **th[ð]** father

7 **th[θ]** th[ð] bath

8 **th[θ]** th[ð] thumb

자음 p 또는 w 뒤에 h가 오면 어떤 소리가 나는지 확인해 볼까요?

ph   wh

ph는 f와 같은 발음이에요. 살짝 깨물듯이 윗니를 아랫입술에 댔다가 떼며 [ㅍ]하고 발음해요.

wh에서 h는 거의 소리를 내지 않고, [우]에 가까운 소리로 발음해요.

86쪽
87쪽

A 단어를 듣고, 소리 내어 두 번씩 따라 말해 보세요.

| phone | photo | dolphin | alphabet |
| whale | wheat | whistle | wheel |

Words
- phone 전화
- photo 사진
- dolphin 돌고래
- alphabet 알파벳
- whale 고래
- wheat 밀
- whistle 호루라기
- wheel 바퀴

B Choose & Write
빈칸에 알맞은 알파벳을 그림과 연결한 후 빈칸에 써 보세요.

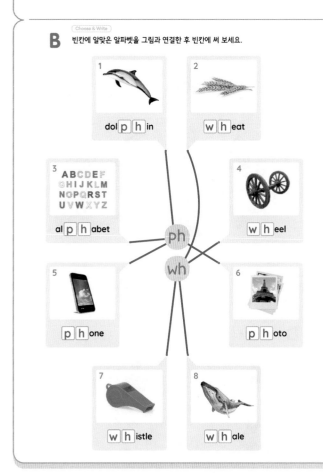

1 dol p h in

2 w h eat

3 al p h abet

4 w h eel

ph
wh

5 p h one

6 p h oto

7 w h istle

8 w h ale

C Listen & Choose
단어를 듣고, 첫 번째 그림과 첫소리가 같은 단어의 그림을 찾아 ○ 표시를 해 보세요.

88쪽
89쪽

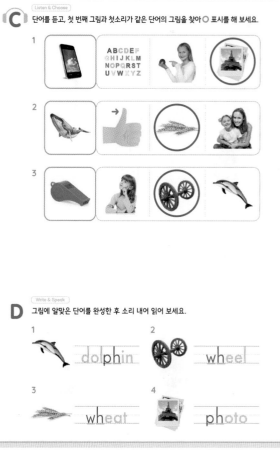

D Write & Speak
그림에 알맞은 단어를 완성한 후 소리 내어 읽어 보세요.

1 dolphin

2 wheel

3 wheat

4 photo

정답

23 -nd, -nt로 끝나는 단어

90쪽
91쪽

그림을 보고, 알맞은 알파벳을 찾아 ○ 표시를 한 후 단어를 쓰면서 읽어 보세요.

1 ph / **wh** → whale
2 **ph** / wh → photo
3 **ph** / wh → alphabet
ABCDEF GHIJKLM NOPQRST UVWXYZ

4 ph / **wh** → whistle
5 **ph** / wh → phone
6 ph / **wh** → wheel

7 ph / **wh** → wheat
8 **ph** / wh → dolphin

🔊 자음 n 뒤에 d 또는 t가 끝소리로 오면 어떤 소리가 나는지 확인해 볼까요?

-nd   -nt

nd로 끝나는 단어는 [은ㄷ]하고 발음해요. d는 앞의 n에 비해 약하게 발음해요.

nt로 끝나는 단어는 [은ㅌ]하고 발음해요. t는 앞의 n에 비해 약하게 발음해요.

A 단어를 듣고, 소리 내어 두 번씩 따라 말해 보세요.

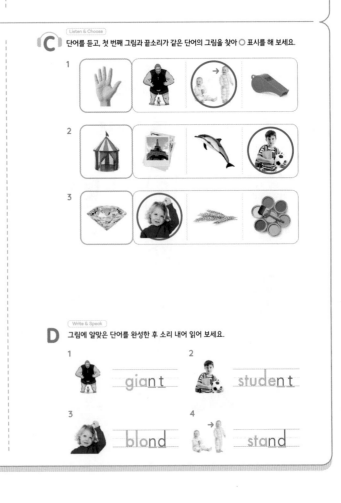

hand   stand   diamond   blond

paint   student   tent   giant

Words ▸ hand 손 ▸ stand 서다 ▸ diamond 다이아몬드 ▸ blond 금발
▸ paint 페인트 ▸ student 학생 ▸ tent 텐트 ▸ giant 거인

B 빈칸에 알맞은 알파벳을 그림과 연결한 후 빈칸에 써 보세요. Choose & Write

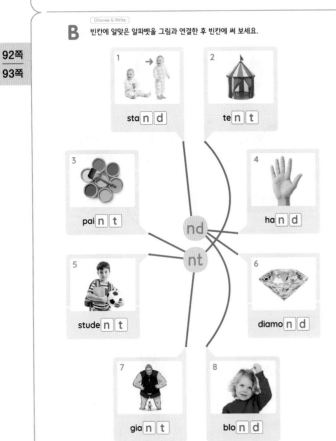

1 sta n d
2 te n t
3 pai n t
4 ha n d
5 stude n t
6 diamo n d
7 gia n t
8 blo n d

nd
nt

92쪽
93쪽

C 단어를 듣고, 첫 번째 그림과 끝소리가 같은 단어의 그림을 찾아 ○ 표시를 해 보세요. Listen & Choose

1
2
3

D 그림에 알맞은 단어를 완성한 후 소리 내어 읽어 보세요. Write & Speak

1 gia n t
2 stude n t
3 blo n d
4 sta n d

28

그림을 보고, 알맞은 알파벳을 찾아 ○ 표시를 한 후 단어를 쓰면서 읽어 보세요.

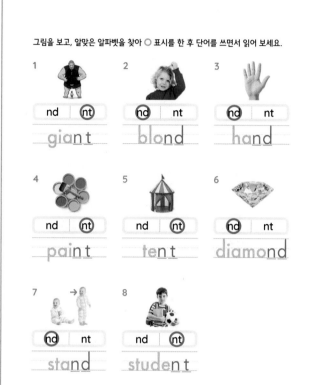

1 nd (nt) gia**n**t

2 (nd) nt blond

3 (nd) nt ha**nd**

4 nd (nt) pai**n**t

5 nd (nt) te**n**t

6 (nd) nt diamo**nd**

7 (nd) nt sta**nd**

8 nd (nt) stude**n**t

자음 n 뒤에 g 또는 k가 끝소리로 오면 어떤 소리가 나는지 확인해 볼까요?

-ng   -nk

ng로 끝나는 단어는 [응]하고 발음해요.   nk로 끝나는 단어는 [응ㅋ]하고 발음해요.

94쪽
95쪽

A 단어를 듣고, 소리 내어 두 번씩 따라 말해 보세요.

si**ng**   ri**ng**   ha**ng**   wi**ng**

ba**nk**   dri**nk**   pi**nk**   si**nk**

Words ▸ sing 노래하다   ▸ ring 반지   ▸ hang 매달리다   ▸ wing 날개
       ▸ bank 은행   ▸ drink 마시다   ▸ pink 분홍색   ▸ sink 싱크대

Choose & Write
B 빈칸에 알맞은 알파벳을 그림과 연결한 후 빈칸에 써 보세요.

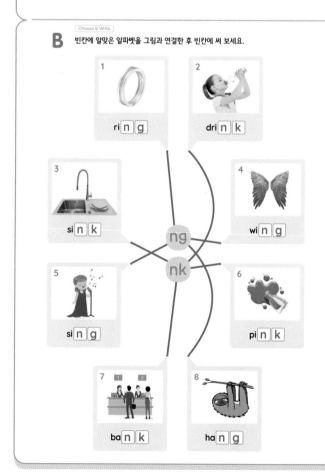

1 ri n g
2 dri n k
3 si n k
4 wi n g
5 si n g
6 pi n k
7 ba n k
8 ha n g

ng
nk

Listen & Choose
C 단어를 듣고, 첫 번째 그림과 끝소리가 같은 단어의 그림을 찾아 ○ 표시를 해 보세요.

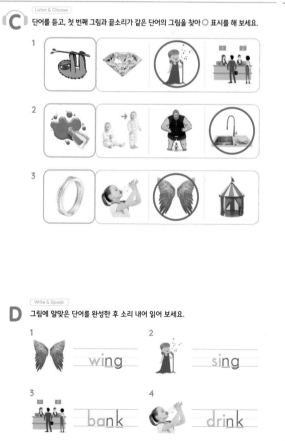

96쪽
97쪽

Write & Speak
D 그림에 알맞은 단어를 완성한 후 소리 내어 읽어 보세요.

1 wing
2 sing
3 bank
4 drink

98쪽
99쪽

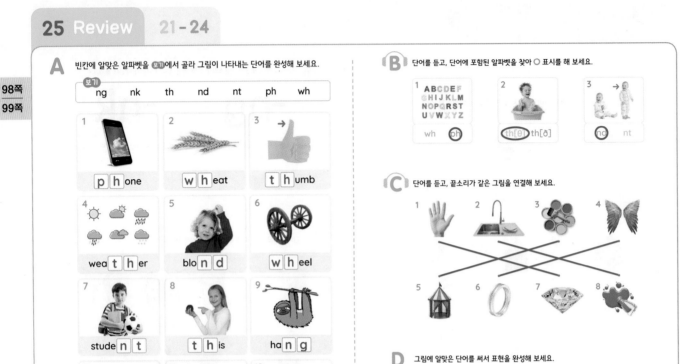

A 빈칸에 알맞은 알파벳을 보기에서 골라 그림이 나타내는 단어를 완성해 보세요.

보기
ng   nk   th   nd   nt   ph   wh

1 p h one
2 w h eat
3 t h umb
4 wea t h er
5 blo n d
6 w h eel
7 stude n t
8 t h is
9 ha n g
10 dri n k
11 gia n t
12 mon t h

B 단어를 듣고, 단어에 포함된 알파벳을 찾아 ○ 표시를 해 보세요.

1 ABCDEF GHIJKLM NOPQRST UVWXYZ
wh   (ph)
2 th[θ]   th[ð]
3 (nd)   nt

C 단어를 듣고, 끝소리가 같은 그림을 연결해 보세요.

1   2   3   4
5   6   7   8

D 그림에 알맞은 단어를 써서 표현을 완성해 보세요.

1 a song with
→ sing a song with mother

2 the ___ in the ___
→ the whale in the photo

30

26 -st, -sk로 끝나는 단어

그림을 보고, 알맞은 알파벳을 찾아 ○ 표시를 한 후 단어를 쓰면서 읽어 보세요.

1 (ng) nk — sing

2 ng (nk) — bank

3 ng (nk) — pink

4 (ng) nk — wing

5 (ng) nk — ring

6 ng (nk) — drink

7 ng (nk) — sink

8 (ng) nk — hang

자음 s 뒤에 t 또는 k가 끝소리로 오면 어떤 소리가 나는지 확인해 볼까요?

-st | -sk

st로 끝나는 단어는 [스트]하고 발음해요. t는 앞의 s에 비해 약하게 발음해요.

sk로 끝나는 단어는 [스크]하고 발음해요. k는 앞의 s에 비해 약하게 발음해요.

A 단어를 듣고, 소리 내어 두 번씩 따라 말해 보세요.

nest | breakfast | pianist | fist

desk | mask | tusk | whisk

Words
- nest 둥지
- desk 책상
- breakfast 아침 식사
- mask 가면
- pianist 피아니스트
- tusk (코끼리의) 엄니
- fist 주먹
- whisk 거품기

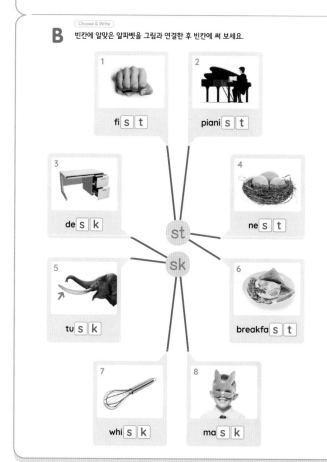

B (Choose & Write) 빈칸에 알맞은 알파벳을 그림과 연결한 후 빈칸에 써 보세요.

1 fi [s] t

2 piani [s] t

3 de [s] k

4 ne [s] t

st
sk

5 tu [s] k

6 breakfa [s] t

7 whi [s] k

8 ma [s] k

C (Listen & Choose) 단어를 듣고, 첫 번째 그림과 끝소리가 같은 단어의 그림을 찾아 ○ 표시를 해 보세요.

1

2

3

D (Write & Speak) 그림에 알맞은 단어를 완성한 후 소리 내어 읽어 보세요.

1 tu s k

2 ne s t

3 fi s t

4 de s k

100쪽 101쪽

102쪽 103쪽

정답

그림을 보고, 알맞은 알파벳을 찾아 ○ 표시를 한 후 단어를 쓰면서 읽어 보세요.

1 st **sk**
de s k

2 **st** sk
fi s t

3 **st** sk
ne s t

4 st **sk**
ma s k

5 st **sk**
whi s k

6 **st** sk
piani s t

7 **st** sk
breakfa s t

8 st **sk**
tu s k

🎦 자음 c 또는 l 뒤에 k가 끝소리로 오면 어떤 소리가 나는지 확인해 볼까요?

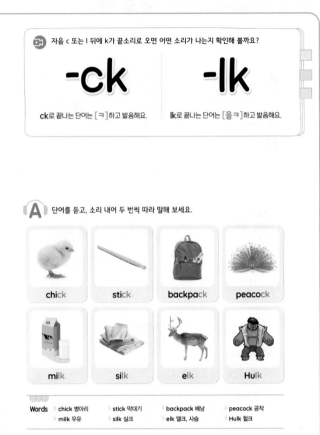

-ck   -lk

ck로 끝나는 단어는 [ㅋ]하고 발음해요.   lk로 끝나는 단어는 [을ㅋ]하고 발음해요.

A 단어를 듣고, 소리 내어 두 번씩 따라 말해 보세요.

chi**ck**   sti**ck**   backpa**ck**   peaco**ck**

mi**lk**   si**lk**   e**lk**   Hu**lk**

Words ▸ chick 병아리   ▸ stick 막대기   ▸ backpack 배낭   ▸ peacock 공작
         ▸ milk 우유   ▸ silk 실크   ▸ elk 엘크, 사슴   ▸ Hulk 헐크

B (Choose & Write) 빈칸에 알맞은 알파벳을 그림과 연결한 후 빈칸에 써 보세요.

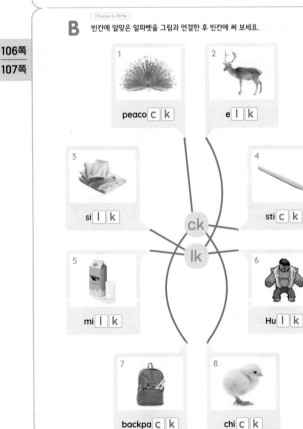

1 peaco **c** k
2 e **l** k
3 si **l** k
4 sti **c** k

ck
lk

5 mi **l** k
6 Hu **l** k
7 backpa **c** k
8 chi **c** k

C (Listen & Choose) 단어를 듣고, 알맞은 그림에 ○ 표시를 해 보세요.

1
2
3
4

D (Write & Speak) 그림에 알맞은 단어를 완성한 후 소리 내어 읽어 보세요.

1 backpa**ck**
2 si**lk**
3 mi**lk**
4 peaco**ck**

32

그림을 보고, 알맞은 알파벳을 찾아 ○ 표시를 한 후 단어를 쓰면서 읽어 보세요.

1 ⓒk / (lk) — silk
2 (ck) / lk — chick
3 (ck) / lk — stick
4 ck / (lk) — elk
5 ck / (lk) — milk
6 (ck) / lk — peacock
7 (ck) / lk — backpack
8 ck / (lk) — Hulk

모음 a 뒤에 i 또는 y가 오면 어떤 소리가 나는지 확인해 볼까요?

108쪽
109쪽

ai ay

ai는 [에이-]하고 발음해요. 알파벳 a의 이름대로 길게 발음하고 i는 따로 발음하지 않아요.

ay는 ai와 같은 소리로 [에이-]하고 발음해요.

A 단어를 듣고, 소리 내어 두 번씩 따라 말해 보세요.

sail | rail | train | chain
X-ray | tray | relay | clay

Words ⟩ sail 항해하다 ⟩ rail (철도의) 레일 ⟩ train 기차 ⟩ chain 사슬
⟩ X-ray 엑스선 ⟩ tray 쟁반 ⟩ relay 이어달리기 ⟩ clay 점토, 찰흙

B [Choose & Write]
빈칸에 알맞은 알파벳을 그림과 연결한 후 빈칸에 써 보세요.

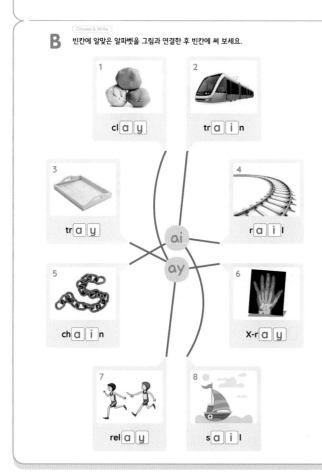

1 cl a y
2 tr a i n
3 tr a y
4 r a i l
5 ch a i n
6 X-r a y
7 rel a y
8 s a i l

(ai) (ay)

C [Listen & Choose]
단어를 듣고, 빈칸에 알맞은 알파벳이 포함된 단어의 그림을 찾아 ○ 표시를 해 보세요.

110쪽
111쪽

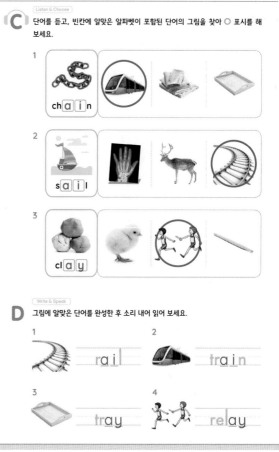

1 ch a i n
2 s a i l
3 cl a y

D [Write & Speak]
그림에 알맞은 단어를 완성한 후 소리 내어 읽어 보세요.

1 r a i l
2 tr a i n
3 tray
4 rel a y

정답

29 이중모음 ea, ey

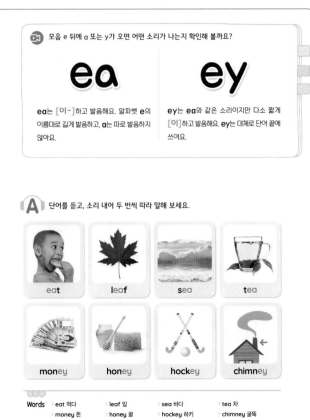

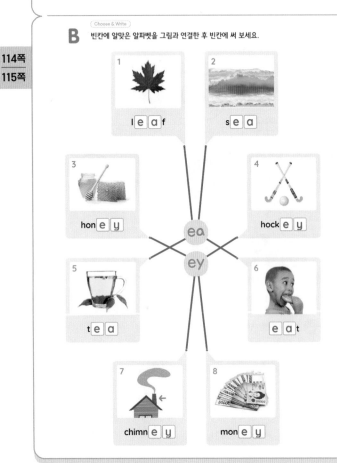

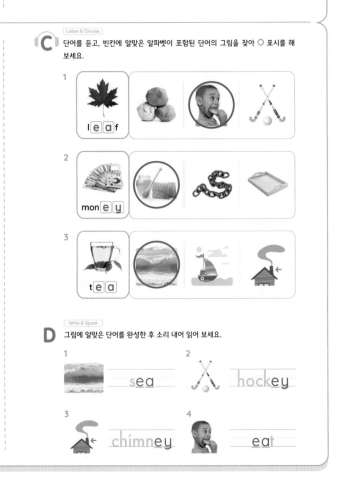

A 빈칸에 알맞은 알파벳을 보기에서 골라 그림이 나타내는 단어를 완성해 보세요.

보기
| st | sk | ck | lk | ai | ay | ea | ey |

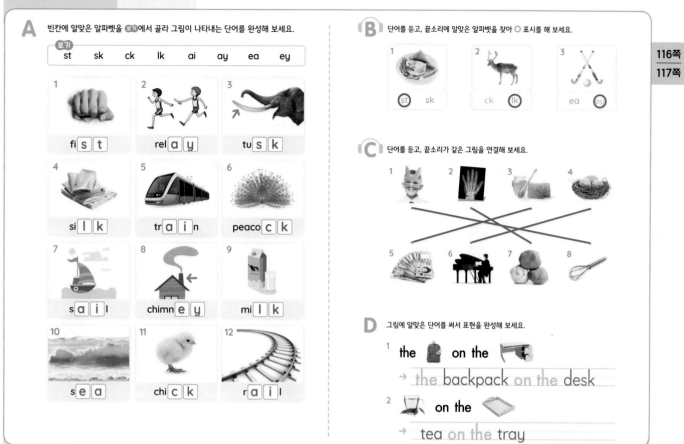

1 fi s t
2 rel a y
3 tu s k
4 si l k
5 tr a i n
6 peaco c k
7 s a i l
8 chimn e y
9 mi l k
10 s e a
11 chi c k
12 r a i l

B 단어를 듣고, 끝소리에 알맞은 알파벳을 찾아 ○ 표시를 해 보세요.

1 ⓢt sk
2 ck ⓛk
3 ea ⓔy

C 단어를 듣고, 끝소리가 같은 그림을 연결해 보세요.

1 2 3 4
5 6 7 8

D 그림에 알맞은 단어를 써서 표현을 완성해 보세요.

1 the 🎒 on the 🪑
→ the backpack on the desk

2 🍵 on the 🛎
→ tea on the tray

정답

31 이중모음 oa, ow

118쪽
119쪽

그림을 보고, 알맞은 알파벳을 찾아 ○ 표시를 한 후 단어를 쓰면서 읽어 보세요.

1 (ea) ey — hockey
2 (ea) ey — sea
3 (ea) ey — eat
4 ea (ey) — chimney
5 ea (ey) — money
6 (ea) ey — leaf
7 (ea) ey — tea
8 ea (ey) — honey

모음 o 뒤에 a 또는 w가 오면 어떤 소리가 나는지 확인해 볼까요?

oa   ow

oa는 [오우]하고 발음해요. 알파벳 o의 이름대로 길게 발음하고 a는 따로 발음하지 않아요.

ow는 oa와 같은 소리로 [오우]하고 발음해요.

A 단어를 듣고, 소리 내어 두 번씩 따라 말해 보세요.

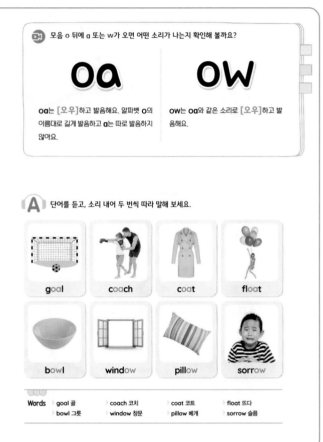

goal   coach   coat   float
bowl   window   pillow   sorrow

Words ▸ goal 골 ▸ coach 코치 ▸ coat 코트 ▸ float 뜨다
▸ bowl 그릇 ▸ window 창문 ▸ pillow 베개 ▸ sorrow 슬픔

120쪽
121쪽

B (Choose & Write)
빈칸에 알맞은 알파벳을 그림과 연결한 후 빈칸에 써 보세요.

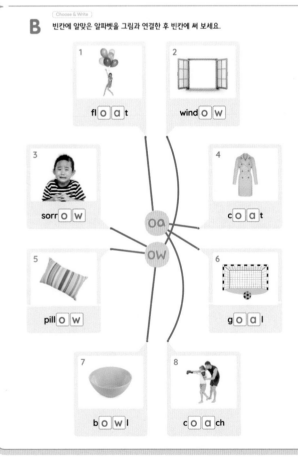

1 fl o a t
2 wind o w
3 sorr o w
4 c o a t
5 pill o w
6 g o a l
7 b o w l
8 c o a ch

C (Listen & Choose)
단어를 듣고, 빈칸에 알맞은 알파벳이 포함된 단어의 그림을 찾아 ○ 표시를 해 보세요.

1 c o a ch
2 c o a t
3 pill o w

D (Write & Speak)
그림에 알맞은 단어를 완성한 후 소리 내어 읽어 보세요.

1 sorrow
2 float
3 goal
4 bowl

그림을 보고, 알맞은 알파벳을 찾아 ○ 표시를 한 후 단어를 쓰면서 읽어 보세요.

1 (oa) ow **float**
2 oa (ow) **window**
3 oa (ow) **sorrow**

4 (oa) ow **coat**
5 oa (ow) **pillow**
6 (oa) ow **goal**

7 (oa) ow **coach**
8 oa (ow) **bowl**

모음 o 뒤에 i 또는 y가 오면 어떤 소리가 나는지 확인해 볼까요?

oi

oi는 [오이]하고 발음해요. o는 우리말의 [오]보다 입안의 공간이 약간 더 큰 느낌으로 소리를 내요.

oy

oy는 oi와 같은 소리로 [오이]하고 발음해요. oy는 대체로 단어 끝에 쓰여요.

122쪽
123쪽

A 단어를 듣고, 소리 내어 두 번씩 따라 말해 보세요.

oil
boil
coin
foil

boy
toy
joy
soy

Words ▸ oil 기름   ▸ boil 끓다   ▸ coin 동전   ▸ foil 은박
▸ boy 남자아이   ▸ toy 장난감   ▸ joy 기쁨   ▸ soy 콩

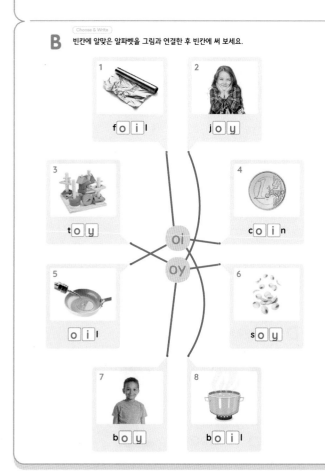

B [Choose & Write]
빈칸에 알맞은 알파벳을 그림과 연결한 후 빈칸에 써 보세요.

1 f o i l
2 j o y
3 t o y
4 c o i n

oi
oy

5 o i l
6 s o y
7 b o y
8 b o i l

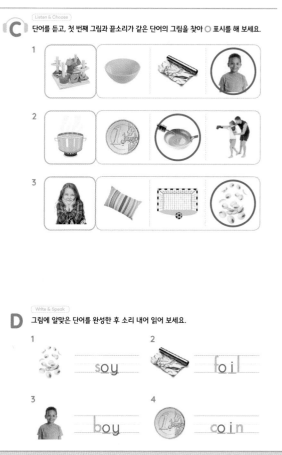

C [Listen & Choose]
단어를 듣고, 첫 번째 그림과 끝소리가 같은 단어의 그림을 찾아 ○ 표시를 해 보세요.

124쪽
125쪽

1
2
3

D [Write & Speak]
그림에 알맞은 단어를 완성한 후 소리 내어 읽어 보세요.

1 **soy**
2 **foil**
3 **boy**
4 **coin**

33 이중모음 oo

126쪽
127쪽

그림을 보고, 알맞은 알파벳을 찾아 ◯ 표시를 한 후 단어를 쓰면서 읽어 보세요.

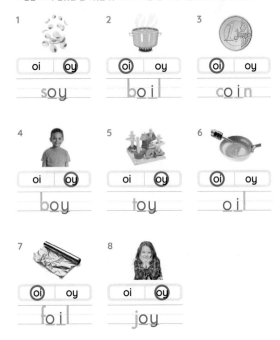

1 (oi **oy**) soy
2 (**oi** oy) boil
3 (**oi** oy) coin
4 (oi **oy**) boy
5 (oi **oy**) toy
6 (**oi** oy) oil
7 (**oi** oy) foil
8 (oi **oy**) joy

모음 oo의 두 가지 소리가 어떻게 다른지 확인해 볼까요?

OO [ʊ]

oo의 첫 번째 소리는 [우]와 [으]의 중간에 가까운 소리로 짧게 발음하고 기호로는 [ʊ]로 표시해요.

OO [uː]

oo의 두 번째 소리는 [우]에 가까운 소리로 길게 발음하고 기호로는 [uː]로 표시해요.

A 단어를 듣고, 소리 내어 두 번씩 따라 말해 보세요.

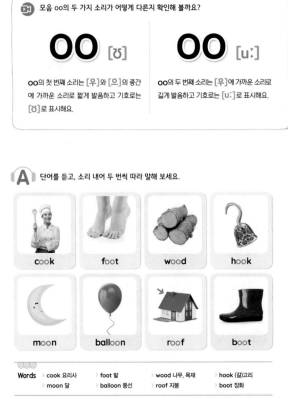

cook   foot   wood   hook
moon   balloon   roof   boot

Words ▸ cook 요리사   ▸ foot 발   ▸ wood 나무, 목재   ▸ hook (갈)고리
▸ moon 달   ▸ balloon 풍선   ▸ roof 지붕   ▸ boot 장화

128쪽
129쪽

B Choose & Write
그림을 보고, 빈칸에 알맞은 알파벳의 발음이 같은 것끼리 단어를 써 보세요.

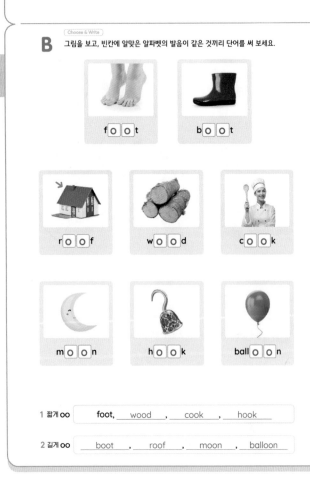

f o o t   b o o t
r o o f   w o o d   c o o k
m o o n   h o o k   ball o o n

1 짧게 oo   foot, wood, cook, hook
2 길게 oo   boot, roof, moon, balloon

C Listen & Choose
단어를 듣고, 주어진 모음 소리가 포함된 단어의 그림을 찾아 ◯ 표시를 해 보세요.

1 짧게 oo
2 짧게 oo
3 길게 oo
4 길게 oo

D Write & Speak
그림에 알맞은 단어를 완성한 후 소리 내어 읽어 보세요.

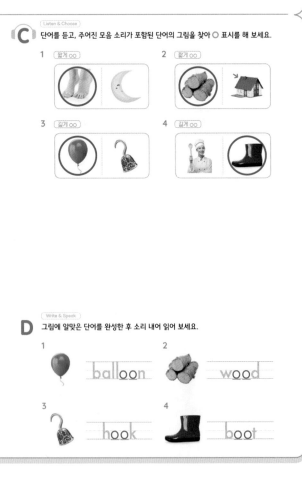

1 balloon
2 wood
3 hook
4 boot

그림을 보고, 알맞은 소리를 찾아 ○ 표시를 한 후 단어를 쓰면서 읽어 보세요.

1 oo [ʊ] ◯ oo [uː]
hook

2 ◯oo [ʊ] oo [uː]
foot

3 oo [ʊ] ◯oo [uː]
roof

4 ◯oo [ʊ] oo [uː]
cook

5 ◯oo [ʊ] oo [uː]
wood

6 oo [ʊ] ◯oo [uː]
balloon

7 oo [ʊ] ◯oo [uː]
moon

8 oo [ʊ] ◯oo [uː]
boot

모음 o 뒤에 u 또는 w가 오면 어떤 소리가 나는지 확인해 볼까요?

ou   ow

ou는 단모음 o[아]와 단모음 u[우]를 이어 발음하여 [아우]하고 발음해요.

ow는 ou와 같은 소리로 [아우]하고 발음해요. 앞에서 배웠던 대로 ow가 [오우]로 발음되는 경우도 있으므로 유의하세요.

130쪽 131쪽

A 단어를 듣고, 소리 내어 두 번씩 따라 말해 보세요.

cloud | mouth | sour | pouch
cow | towel | owl | crown

Words ▸ cloud 구름　▸ mouth 입　▸ sour (맛이) 신, 시큼한　▸ pouch 작은 주머니
▸ cow 젖소　▸ towel 수건　▸ owl 부엉이　▸ crown 왕관

B [Choose & Write] 빈칸에 알맞은 알파벳을 그림과 연결한 후 빈칸에 써 보세요.

1 s o u r
2 t o w el
3 o w l
4 m o u th
5 c o w
6 cl o u d
7 p o u ch
8 cr o w n

ou
ow

C [Listen & Choose] 단어를 듣고, 빈칸에 알맞은 알파벳이 포함된 단어의 그림을 찾아 ○ 표시를 해 보세요.

1 c o w
2 cl o u d
3 p o u ch

132쪽 133쪽

D [Write & Speak] 그림에 알맞은 단어를 완성한 후 소리 내어 읽어 보세요.

1 crown
2 mouth
3 owl
4 sour

정답

35 Review 31-34

A 빈칸에 알맞은 알파벳을 보기에서 골라 그림이 나타내는 단어를 완성해 보세요.

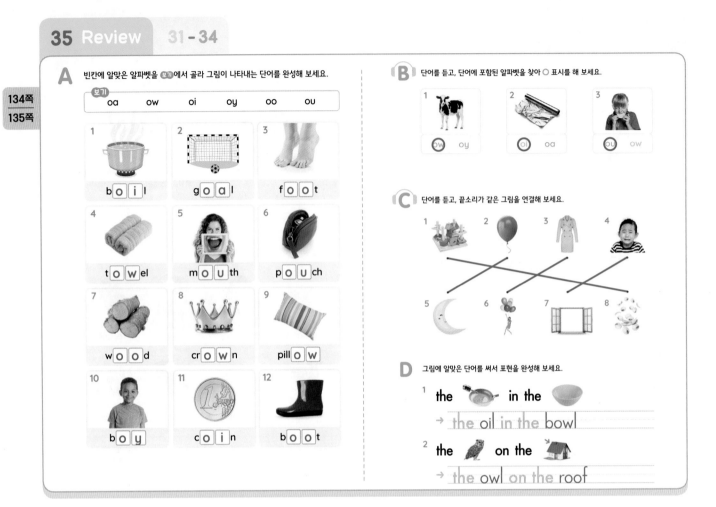

보기
oa	ow	oi	oy	oo	ou

1. b o i l
2. g o a l
3. f o o t
4. t o w el
5. m o u th
6. p o u ch
7. w o o d
8. cr o w n
9. pill o w
10. b o y
11. c o i n
12. b o o t

B 단어를 듣고, 단어에 포함된 알파벳을 찾아 ○ 표시를 해 보세요.

1. ow oy
2. oi oa
3. ou ow

C 단어를 듣고, 끝소리가 같은 그림을 연결해 보세요.

D 그림에 알맞은 단어를 써서 표현을 완성해 보세요.

1. the [ ] in the [ ]
   → the oil in the bowl
2. the [ ] on the [ ]
   → the owl on the roof

그림을 보고, 알맞은 알파벳을 찾아 ○ 표시를 한 후 단어를 쓰면서 읽어 보세요.

1 (ou) / ow — towel
2 (ou) / ow — pouch
3 (ou) / ow — mouth
4 ou / (ow) — cow
5 ou / (ow) — crown
6 (ou) / ow — cloud
7 ou / (ow) — owl
8 (ou) / ow — sour

모음 a 또는 o 다음에 r이 오면 어떤 소리가 나는지 확인해 볼까요?

ar

ar은 [아알]에 가까운 소리로 발음해요. [아] 발음을 한 후 혀를 둥글게 하여 [r]을 이어 발음하면서 소리를 내요.

or

or은 [오얼]에 가까운 소리로 발음해요. [오] 발음을 한 후 혀를 둥글게 하여 [r]을 이어 발음하면서 소리를 내요.

136쪽 137쪽

A 단어를 듣고, 소리 내어 두 번씩 따라 말해 보세요.

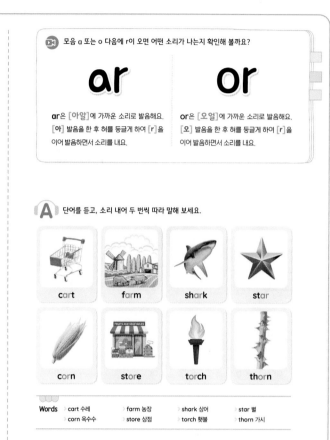

cart · farm · shark · star
corn · store · torch · thorn

Words ▸ cart 수레 ▸ farm 농장 ▸ shark 상어 ▸ star 별
corn 옥수수 ▸ store 상점 ▸ torch 횃불 ▸ thorn 가시

B (Choose & Write) 빈칸에 알맞은 알파벳을 그림과 연결한 후 빈칸에 써 보세요.

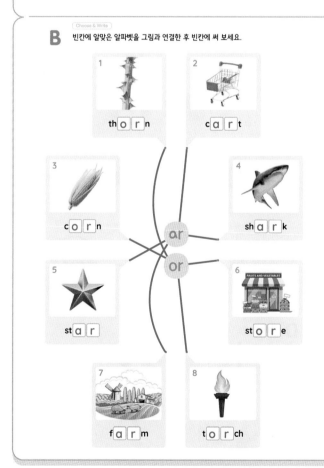

1 th o r n
2 c a r t
3 c o r n
4 sh a r k
5 st a r
6 st o r e
7 f a r m
8 t o r ch

ar / or

C (Listen & Choose) 단어를 듣고, 빈칸에 알맞은 알파벳이 포함된 단어의 그림을 찾아 ○ 표시를 해 보세요.

1 c o r n
2 f a r m
3 t o r ch

138쪽 139쪽

D (Write & Speak) 그림에 알맞은 단어를 완성한 후 소리 내어 읽어 보세요.

1 shark
2 store
3 thorn
4 cart

37 r로 끝나는 모음 er, ir, ur

140쪽
141쪽

그림을 보고, 알맞은 알파벳을 찾아 ○ 표시를 한 후 단어를 쓰면서 읽어 보세요.

1 ar (or) — store
2 (ar) or — shark
3 ar (or) — thorn
4 ar (or) — corn
5 (ar) or — farm
6 (ar) or — star
7 ar (or) — torch
8 (ar) or — cart

모음 e, i, u 다음에 r이 오면 어떤 소리가 나는지 확인해 볼까요?

er   ir   ur

er, ir, ur은 모두 [어얼]에 가까운 소리로 발음해요. [어] 발음을 한 후 혀를 둥글게 하여 [r]을 이어 발음하면서 소리를 내요.

A 단어를 듣고, 소리 내어 두 번씩 따라 말해 보세요.

tower | number | silver
shirt | circus | birthday
turtle | surfing | curtain

Words ▸ tower 탑 ▸ number 숫자 ▸ silver 은 ▸ shirt 셔츠 ▸ circus 서커스
▸ birthday 생일 ▸ turtle 거북 ▸ surfing 파도타기 ▸ curtain 커튼

142쪽
143쪽

B (Choose & Write) 빈칸에 알맞은 알파벳을 그림과 연결한 후 빈칸에 써 보세요.

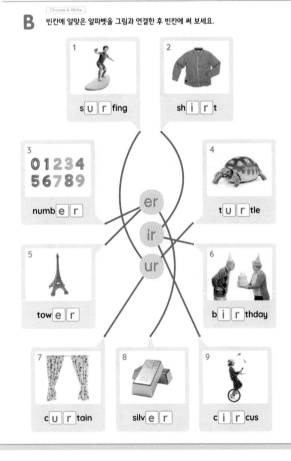

1 s u r fing
2 sh i r t
3 numb e r
4 t u r tle
5 tow e r
6 b i r thday
7 c u r tain
8 silv e r
9 c i r cus

C (Listen & Choose) 단어를 듣고, 빈칸에 알맞은 알파벳이 포함된 단어의 그림을 찾아 ○ 표시를 해 보세요.

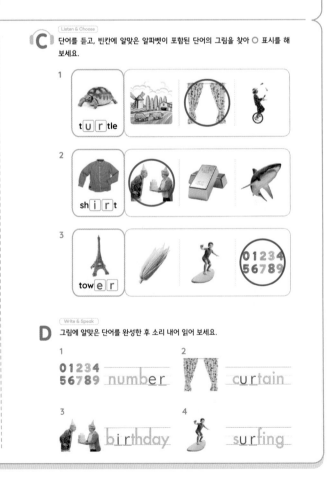

1 t u r tle
2 sh i r t
3 tow e r

D (Write & Speak) 그림에 알맞은 단어를 완성한 후 소리 내어 읽어 보세요.

1 number
2 curtain
3 birthday
4 surfing

단어에는 포함되지만 발음되지 않는 알파벳으로는 무엇이 있는지 확인해 볼까요?

m + b → m~~b~~   k + n → ~~k~~n   l + k → ~~l~~k

-mb로 끝나는 단어는 b를 따로 발음하지않고 m[음]만 발음해요.

kn-으로 시작하는 단어는 k를 따로 발음하지 않고 n[ㄴ]만 발음해요.

-lk로 끝나는 단어들 중 일부는 l를 따로 발음하지 않고 k[ㅋ]만 발음해요.

144쪽
145쪽

그림을 보고, 알맞은 알파벳을 찾아 ○ 표시를 한 후 단어를 쓰면서 읽어 보세요.

1 er (ur) turtle
2 ir (er) numb**e**r
3 (er) ir tow**e**r
4 ur (ir) sh**ir**t
5 er (ir) b**ir**thday
6 (ur) er s**ur**fing
7 (ur) er c**ur**tain
8 (ir) ur c**ir**cus
9 (er) ir silv**e**r

A 단어를 듣고, 소리 내어 두 번씩 따라 말해 보세요.

co**mb**   bo**mb**   cli**mb**

knife   **kn**ock   **kn**ee

wa**lk**   cha**lk**   ta**lk**

Words ▸ comb 빗   ▸ bomb 폭탄   ▸ climb 오르다   ▸ knife 칼   ▸ knock 노크
       ▸ knee 무릎   ▸ walk 걷다   ▸ chalk 분필   ▸ talk 말하다

B Choose & Write

빈칸에 알맞은 알파벳을 그림과 연결한 후 빈칸에 써 보세요.

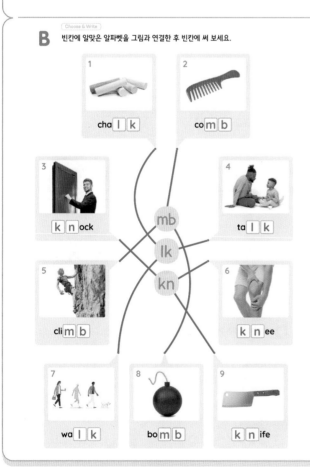

1 cha l k
2 co m b
3 k n ock
4 ta l k
5 cli m b
6 k n ee
7 wa l k
8 bo m b
9 k n ife

mb
lk
kn

C Listen & Choose

단어를 듣고, 빈칸에 알맞은 알파벳이 포함된 단어의 그림을 찾아 ○ 표시를 해 보세요.

1 cli m b
2 ta l k
3 k n ife

146쪽
147쪽

D Write & Speak

그림에 알맞은 단어를 완성한 후 소리 내어 읽어 보세요.

1 comb
2 wa l k
3 knock
4 bo mb

정답

39 소리 나지 않는 w, c, gh

148쪽
149쪽

그림을 보고, 알맞은 알파벳을 찾아 ○ 표시를 한 후 단어를 쓰면서 읽어 보세요.

1 (mb) lk — comb
2 kn (lk) — walk
3 (lk) mb — chalk
4 lk (mb) — bomb
5 (mb) kn — climb
6 (kn) mb — knock
7 lk (kn) — knee
8 kn (lk) — talk
9 mb (kn) — knife

단어에는 포함되지만 발음되지 않는 알파벳으로는 무엇이 있는지 확인해 볼까요?

w + r → ✕r
wr-로 시작하는 단어는 w를 따로 발음하지 않고 r[ㄹ]만 발음해요.

s + c → s✕
sc가 함께 쓰인 단어들 중 일부는 c를 따로 발음하지 않고 s[ㅅ]만 발음해요.

단어 중간에 오는 gh ✕
gh가 함께 쓰인 단어들 중 일부는 gh를 따로 발음하지 않아요.

A 단어를 듣고, 소리 내어 두 번씩 따라 말해 보세요.

write / wrist / wrap
science / scissors / muscle
weight / neighbor / fight

Words ▸ write 쓰다 ▸ wrist 손목 ▸ wrap 포장하다 ▸ science 과학 ▸ scissors 가위 ▸ muscle 근육 ▸ weight 체중 ▸ neighbor 이웃 ▸ fight 싸움

B (Choose & Write) 빈칸에 알맞은 알파벳을 그림과 연결한 후 빈칸에 써 보세요.

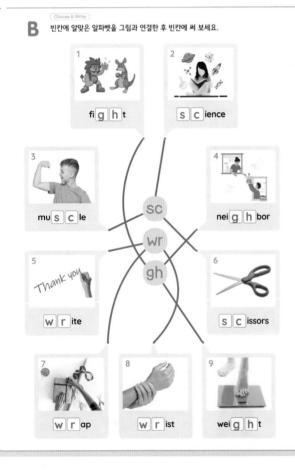

1 fi g h t
2 s c ience
3 mu s c le
4 nei g h bor
5 w r ite
6 s c issors
7 w r ap
8 w r ist
9 wei g h t

(sc / wr / gh)

150쪽
151쪽

C (Listen & Choose) 단어를 듣고, 빈칸에 알맞은 알파벳이 포함된 단어의 그림을 찾아 ○ 표시를 해 보세요.

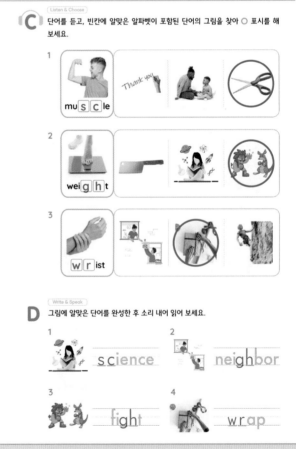

1 mu s c le
2 wei g h t
3 w r ist

D (Write & Speak) 그림에 알맞은 단어를 완성한 후 소리 내어 읽어 보세요.

1 science
2 neighbor
3 fight
4 wrap

44

A 빈칸에 알맞은 알파벳을 보기에서 골라 그림이 나타내는 단어를 완성해 보세요.

보기 | ar　or　er　ir　ur

1. numb e r
2. st o r e
3. sh i r t
4. sh a r k
5. c u r tain
6. s u r fing
7. f a r m
8. t o r ch
9. t u r tle
10. b i r thday
11. silv e r
12. th o r n

B 단어를 듣고, 소리가 나지 않는 알파벳을 찾아 ○ 표시를 해 보세요.

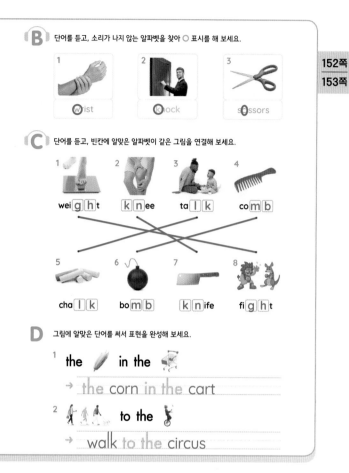

1. w r ist
2. k nock
3. s c issors

152쪽
153쪽

C 단어를 듣고, 빈칸에 알맞은 알파벳이 같은 그림을 연결해 보세요.

1. wei g h t
2. k n ee
3. ta l k
4. co m b
5. cha l k
6. bo m b
7. k n ife
8. fi g h t

D 그림에 알맞은 단어를 써서 표현을 완성해 보세요.

1. the 🌽 in the 🛒
→ the corn in the cart

2. 🚶🚶 to the 🎪
→ walk to the circus

정답

154쪽
155쪽

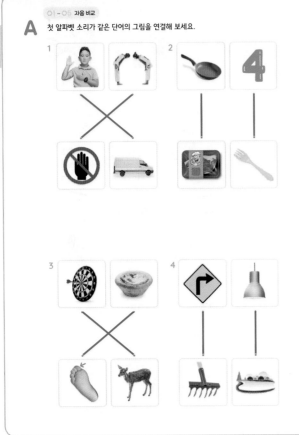

156쪽
157쪽

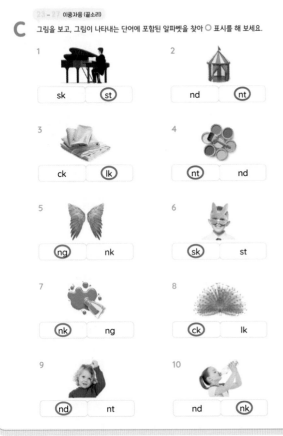

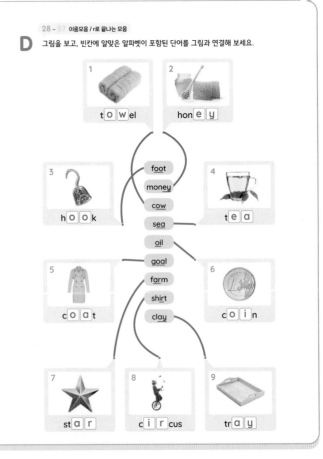

♪1-40 총정리

E 그림을 보고, 단어와 문장을 완성해 보세요.

Step 1 그림을 보고, 빈칸에 알맞은 알파벳을 써 보세요.

1 **d** ress	2 **g** randma	3 **r** ail
4 **d** esk	5 **O** wl	6 **a** lphabet
7 **n** umber	8 **c** loud	9 **l** ock
10 **w** ash	11 **n** est	12 **i** gloo
13 **S** carf	14 **W** eight	15 **r** ing
16 **S** hadow	17 **e** at	18 **h** ang
19 **a** nt	20 **e** lephant	21 **e** lk

Step 2 그림이 나타내는 단어의 첫소리 알파벳을 빈칸에 써 보세요.

22 **w** ~ **e**

23 **c** ~ **a** ~ **n**

24 **r** ~ **e** ~ **a** ~ **d**

25 **E** ~ **n** ~ **g** ~ **l** ~ **i** ~ **s** ~ **h**

26 **w** ~ **o** ~ **r** ~ **d** ~ **s**

Step 3 위에 쓴 알파벳을 아래에 차례로 써서 문장을 완성한 후 소리 내어 읽어 보세요.

²⁷We ²⁸can ²⁹read

³⁰English ³¹words .

완성된 문장을 세 번 읽고, 읽을 때마다 하트를 색칠해 보세요. ♡ ♡ ♡